JN177480

ビルメンテナンススタッフになるには

なるにはBOOKS
145

谷岡雅樹 著

ぺりかん社

はじめに

この本で扱《あつか》うのは、いわゆる「ビルメンテナンス＝ビル管理」の仕事です。といってもイメージがすぐに浮《う》かぶ人はあまりいないでしょう。

ビルをメンテナンスする＝ビルを管理するとはいったいどういう仕事なのでしょう。

まず、「ビル」とは、ビルディング、つまり鉄筋コンクリートなどでつくった中・高層の建物のことをいいます。そしてメンテナンス、すなわち管理します。

「管理」というと、会社内での人間やお金、物品、情報などの資源を活用することを思いつくかもしれません。多くの場合は、人員や商品、内部資料などが対象です。ビルのメンテナンスとはいったい何をさすのだろうと想像がつきません。

実はビルディング、すなわち建築物の設備をメンテナンスする仕事です。「ビル管理、またはビルメンテナンス」とは、一般《いっぱん》に、建築物を適切に使用、よりよい状態に維持《いじ》、管理するための仕事です。では維持《いじ》管理とはどういうことでしょうか。

ビルメンテナンス業は全体としては清掃《せいそう》・警備・設備の３つの業務から成り立っています。中心に存在するのは設備です。

会社によって、設備だけを担う場合や、設備に清掃《せいそう》や警備を含《ふく》んだ業態など、それぞれに多種多様ですが、中心はあくまで設備管理にあります。

まずは「清掃《せいそう》」、そして「警備」。これらの仕事の場合はイメージが容易《ようい》に浮《う》かぶでしょう。清掃《せいそう》は、建物の衛生的環境《かんきょう》を確保するための大前提の業務であり、警備は建物の安全を守る仕事です。

そして設備。実はこれは「見回る」業務です。

制御盤《せいぎょばん》・機器などの「点検」、水量・電力メーターなどの「検針」、温度・残留塩素などの「測定」の3つがありますが、そのほかに重要なことが「気付く」ということです。

異音、異臭、加熱、加圧、過剰水位、汚損、破損、損傷、漏電《ろうでん》、漏水《ろうすい》、蒸気漏《も》れ、ガス漏《も》れ、油漏《も》れ、異常振動、異常作動、誤作動、誤動作、扉《とびら》・扉盤《とびらばん》施錠《せじょう》、換気、警報、計器類指示値、真空度、錆《さび》、腐食《ふしょく》、霜《しも》付着、汚《よご》れ、浸水跡《しんすいあと》、在庫、残量、予備など設備に異変がないかを見る仕事。つまりは「気付く」仕事です。

事故、故障、損害を未然に防ぐ、ビルといういわば資産であり生き物ともいえるものの不具合を予防、保全する仕事です。これがはじまりであり最重要ともいえます。

ふだんと違うあやしい動きがないかを「設備に関して」監視《かんし》し、違《ちが》いを察知するのです。

具体的には、「電気設備」「給排水《きゅうはいすい》設備」「熱源設備」「空調設備」「消防設備」の5つが一般的《いっぱんてき》な設備としてあり、それぞれに多数の機器、付属設備類が存在します。ビルが相手であり、それら設備の寿命《じゅみょう》を延ばし、省エネルギーを達成する仕事です。

以上を読んで「なーんだ、見るだけの仕事か」と思う人もいるでしょう。しかし、この「見る」が、実は重要で注意を要する仕事です。

電気は感電すると死傷事故となります。ボイラーからは高温になると200℃近い蒸気が噴《ふ》き出します。燃料は危険物に該当します。ガスは爆発すると、とてつもない危険災害を起こします。高所作業は、脚立《きゃたつ》の高さから落下しただけでも人は死傷します。高置水槽《すいそう》、貯湯槽《そう》、冷却塔《れいきゃくとう》（クーリングタワー）の高さ（深さ）は人間の身長を超《こ》え、命綱《いのちづな》が必要です。タラップだけで何の保護施設もない場合もあり、水量にかかわらず中蓋《なかぶた》は落下の恐《おそ》れがあります。病院なら院内感染があります。水漏《みずも》れもあなどることはできません。高層階の水槽《すいそう》量は1フロア当たり1トン以上の水量が貯められています。ボイラー、冷温水発生機、熱交換《こうかん》機、ヒートポンプ、ターボ冷凍《れいとう》機などさまざまな機械類が高速、高温、高熱、多量の水をかかえて運転されています。

地球上の現代の人間生活では居住スペースをも含《ふく》む、もっとも信頼《しんらい》を置くべき場所として存在するのがビルディングです。

ビルを監視《かんし》室で監視《かんし》し、巡回《じゅんかい》する。状態変化に気付く。これが仕事です。また、「気付いた」あとはどうするか。「解析《かいせき》」し、「分析《ぶんせき》」し、「対策」を立てます。

ビルディングは街のいたる所にたくさん見ることができます。しかし、ビルメンテナンスをする人は全く見かけません。実は「ビルメンテナンススタッフ」は、地下にいます。そこに「中央監視室」「中央管理室」「防災センター」などと呼ばれる詰《つ》め所《しょ》や事務所があり、スタッフが詰めています。多くは24時間監視《かんし》しています。近年は、1階、高層階の「防災センター」内に中央監視《かんし》を置くところが増えています。

ビルメンテナンススタッフとして働く人間の数は全国に100万人いて、「ビルが存在する限りなくならない仕事」で、ビルのあるのは都市であり、超《ちょう》都市型の職業とも言えます。都市がある限り存在し、五感、時に第六感をも働かせる仕事で、理想をめざすには奥《おく》深《ぶか》く、街を守る重要なセーフティー・スタッフです。ビルが都市の骨格で、設備を血管とするなら、ビルメンテナンスは血液循環《じゅんかん》の見張り人です。赤血球が入れ替《か》わるように、業界は今、新時代に突入《とつにゅう》し、特に若い人材が期待されていて変化のはじまりの真《ま》っ只《ただ》中です。

2020年の新型コロナ禍《か》により、求められる職種の変化にも、ビルメンテナンスは変わることなく、むしろ需要《じゅよう》を広げているのが現状です。

ビルを監視《かんし》し都市を守る。その世界の知られざる困難、本望、やりがいを本書で堪能《たんのう》していただけることを、また、よきガイドブックとなることを切に願います。

著者

ビルメンテナンススタッフになるには　目次

はじめに …… 3

[1章] ドキュメント 設備の先の人を見つめて

ドキュメント1 柔道コーチから転身して活躍するビルメンテナンススタッフ …… 12
相田裕次さん・興和ビルメンテナンス　業務課

ドキュメント2 世界一のタワーで活躍するビルメンテナンススタッフ …… 19
高橋正人さん・東京スカイツリータウン® 総合管理所・防災センター
東武ビルマネジメント　設備管理所副所長

【Column】シンボルタワー …… 29

ドキュメント3 世界一清潔な空港を実現するただ一人の「環境マイスター」 …… 30
新津春子さん・日本空港テクノ　業務本部第2業務部外商課第2グループ
環境マイスター

〔2章〕

ビルメンテナンススタッフの世界

ビルメンテナンスの歴史 …… 42
ビルディングの歴史／エレベーターの歴史／清掃の歴史／警備の歴史／ボイラーの歴史／中央監視の歴史

【Column】ボイラーの資格の変遷 …… 58

ミニドキュメント1 病院で活躍するビルメンテナンススタッフ …… 59
平良一樹さん・北原来生さん・ハリマビステム

ミニドキュメント2 女性勤務の未来を切り拓くビルメンテナンススタッフ …… 68
清水佐乃里さん・三井不動産ファシリティーズ SCマネジメント部ららぽーと富士見 設備管理スタッフ

【Column】映画に登場したビルメンテナンス …… 78

ビルメンテナンスの実際 …… 82
ビルメンテナンススタッフの仕事／ビルメンテナンス設備の種類と実際／ビルメンテナンススタッフという職業及び生活と収入

［3章］

なるにはコース

特別インタビュー　ビルメンテナンスの未来　124
一戸隆男さん・全国ビルメンテナンス協会会長・興和ビルメンテナンス代表取締役社長

適性と心構え　133
人間が好きなほうが務まる

さまざまな資格・各社の研修制度　135
多岐にわたる資格の種類／まずは「危険物」の資格を／ビルの資格の4点セット／各社の研修制度

進学について　154

就職の実際　157
変わりゆく業界／会社の選び方／会社によってさまざまな形態がある

各種資格試験概要参照・問い合せ先一覧／職業訓練校参照先一覧　168
【なるにはフローチャート】ビルメンテナンススタッフ　169
【なるにはブックガイド】　170
【職業MAP!】　172

※本書に登場する方々の所属等は、取材時のものです。

［装幀］図工室　［カバーイラスト］ハラ アツシ　［本文イラスト］山本 州　［本文写真］谷岡雅樹

「なるにはBOOKS」を手に取ってくれたあなたへ

「働く」って、どういうことでしょうか?

「毎日、会社に行くこと」「お金を稼《かせ》ぐこと」「生活のために我慢《がまん》すること」。

どれも正解です。でも、それだけでしょうか? 「なるにはBOOKS」は、みなさんに「働く」ことの魅力《みりょく》を伝えるために1971年から刊行している職業紹介《しょうかい》ガイドブックです。

各巻は3章で構成されています。

[1章] ドキュメント 今、この職業に就いている先輩《せんぱい》が登場して、仕事にかける熱意や誇《ほこ》り、苦労したこと、楽しかったこと、自分の成長につながったエピソードなどを本音で語ります。

[2章] 仕事の世界 職業の成り立ちや社会での役割、必要な資格や技術、将来性などを紹介《しょうかい》します。

[3章] なるにはコース なり方を具体的に解説します。適性や心構え、資格の取り方、進学先などを参考に、これからの自分の進路と照らし合わせてみてください。

この本を読み終わった時、あなたのこの職業へのイメージが変わっているかもしれません。「やる気が湧《わ》いてきた」「自分には無理そうだ」「ほかの仕事についても調べてみよう」。

どの道を選ぶのも、あなたしだいです。「なるにはBOOKS」が、あなたの将来を照らす水先案内になることを祈っています。

1章

ドキュメント

設備の先の人を見つめて

ドキュメント 1 柔道コーチから転身して活躍するビルメンテナンススタッフ

前職の経験を活かして将来はビルマネージメントをめざす

興和《こうわ》ビルメンテナンス
業務課《ぎょうむか》
相田裕次《あいだゆうじ》さん

相田さんの歩んだ道のり

１９８１年生まれの相田裕次さんは、高校時代に、柔道《じゅうどう》で福島《ふくしま》県チャンピオンとなり、大学も柔道《じゅうどう》の名門拓殖《たくしょく》大学に進みます。レギュラーメンバー入りし、２年生からはマネージャーを兼任《けんにん》します。卒業後も大学院の博士課程まで学びコーチという立場で仕事を続けます。しかしあと半年という契約《けいやく》期間中に、ビルメンテナンスの仕事を知ります。32歳《さい》になっていました。

2020年東京《とうきょう》オリンピックという決め手

ビルメンテナンス（ビルメン）という仕事の決め手は、オリンピックでした。

みずからもめざし、選手をサポートする側にまわり、そして2020年夏季オリンピックの開催《かいさい》都市が東京と決定したのが、2013年9月8日のこと。1964年以来56年ぶりで、これにより、建築ラッシュでビルが増えると相田さんは考えました。

「柔道《じゅうどう》連盟のコーチをずっと続けていくわけにはいきません。契約《けいやく》ですから、ある年齢になると採用されなくなります。契約《けいやく》雇用では退職金もなく、定年後はどうしようかと。2009年8月からの5年契約《けいやく》でした。その最中の9月にオリンピックが決定しました。

オリンピック開催《かいさい》で建物が増えますよね。施設《しせつ》も当然増えますし、選手村やホテルであるとか、いろいろとビルが建つでしょう。自分の今後の将来を考えた時に、これから先、安定して仕事がなくならずに伸《の》びていく産業って、これからの時代なんだろうと真面目《まじめ》に考えました。ビルがある限り、人が往来する限り、汚れるし、経年劣化《れっか》するし、摩耗《まもう》する。そうなる限りはきれいにして、またメンテナンスしなければならない。景気にあまり左右されずに、今なお常に募集《ぼしゅう》があって雇用《こよう》が減らず、仕事自体も存在し続ける業種かな、と思いました」

ただ、業界についてのイメージは建物を管理するという程度で、細かくは知りませんでした。32歳《さい》という10年遅《おく》れ、高校卒業者と比べると14年遅《おく》れの出発です。面食らった点も多いようです。

「当然道具もはじめて使うので、名称《めいしょう》から使い方まで一から教えてもらいました。現場で覚えることもたくさんありますし、資格も何ひとつなく、ペーパー試験を突破《とっぱ》するために机でテキストを読んで勉強もしていますし、大変です。自分みたいに入社してゼロからスタートして資格を取っていく人も多いですが、高校時代から早いうちに取って準備しておくということは可能ですし、現場でも即戦力《そくせんりょく》として重宝されると思います。前もって勉強されているほうが有利です。これからはどんどんと若い方、準備されている方が求められていると思います。何でもそうですけど、最初から楽しいわけがない。柔道《じゅうどう》でも受け身と基《き》礎《そ》トレーニングで走ったりという日々の地道な積み重ねは、どこでも当然じゃないですか。そこから試合に出られるようになり、勝ったりすればおもしろくなる。どんどんと上をめざしていける。だから基礎《きそ》を学ぶという1年や2年、5年はどうってことないですよ」

最初の現場でとまどいながらも仕事を覚える

ビルクリーニングは、道具でいうと、乾式《かんしき》ダストモップと、床用《ゆかよう》パッド、それに窓用スクイジーが3点セットで、機械としてはポリッシャー（床《ゆか》みがき機）や真空掃除《そうじ》機、カーペット洗浄《せんじょう》機、自動床洗浄《ゆかせんじょう》機が代表的で、清掃《せいそう》設備として、ゴンドラ、自動窓ふき設備、ゴミ真空搬送《はんそう》設備、集中式真空集塵《しゅうじん》設備、エアカーテン、カーペット洗浄《せんじょう》機があります。他に化学資材や薬剤《やくざい》を組み合わせて行うといいます。

相田さんの最初の現場は、定期清掃《せいそう》の部署でした。ビルクリーニングは、実施《じっし》の回数によって、日常清掃《せいそう》と定期清掃《せいそう》の２つの業務に分けられています。

「定期清掃《せいそう》から日常清掃《せいそう》と就いて、まずは清掃《せいそう》の教育を受けます。清掃《せいそう》から本体の設備マニュアルに入っていきます。警備中心の現場もあるでしょうし、進む道により内容が変わるため、それによって取る資格も違《ちが》ってきます。今はまず、ビルクリーニング技能検定をめざしています。日常清掃《せいそう》は、駅で掃除《そうじ》機をかけたり、エスカレーターの手すりをふいたり、営業時間終了《しゅうりょう》後に床《ゆか》にワックスをかけたりします。私はまず定期清掃《せいそう》の部署に入りました。月に１、２回、日常清掃《せいそう》で維持《いじ》していてもたまる汚《よご》れを、定期的な清掃《せいそう》でリセットして、それをまた日常で維持《いじ》してもらうという流れになっています。われわれ定期清掃《せいそう》が入っていく現場は、ある程度使用したあとの汚《よご》れが出ている状態ですから、作業を自分たちがして行く上で、元通りきれいにしていく、あるいは新品にどれだけ近づけるかという仕事ですね。そこで、ああきれいになったなあ、と実感できた時の充実《じゅうじつ》感と気持ちよさは格別なものがあります」

ビルメンの清掃《せいそう》はプロの仕事

ただし「プロの清掃《せいそう》は家事の延長線上ではまったくない。レベルがまったく違《ちが》う。プロのやり方は素人《しろうと》には決してまねのできないものだ」という言葉は多くのビルクリーンスタッフから耳にした言葉です。〝清掃《せいそう》のプロフェッショナル〟と呼ばれるエヌケービル管理システムズの創業者成田《なりた》延由《のぶよし》さんも「清掃《せいそう》というのは科学の力なしにはできない仕事です。世界中でケミカルメーカーが研究しています。

種類もたくさんあります。（月刊『ビルメンテナンス』２０１５年２月号、全国ビルメンテナンス協会）」と語っています。

「まったく知らない人が外から見ると、清掃《せいそう》はただ、ほうきで掃《は》いているだけのイメージだと思います。しかし、清掃《せいそう》は、工場の流れ作業のようにやるわけにはいきません。それぞれの用途《ようと》に応じて、こういうやり方でやり、こういう薬剤《やくざい》の選び方をする、ということを一つひとつ教えてもらう中で、自分もまた現場のようすを見ただけで、どのやり方とどの薬剤《やくざい》を採用するのかを判断していきます。パートタイムで入っている清掃《せいそう》の中高年の人たちにしても、決して家の清掃《せいそう》の延長といったレベルではないわけです。知識と技術をもって作業していますし、道具だけでなく、服装《ふくそう》から心構えなどまで高いレベルの仕事です。

汚《よご》れを落とせるようになっていくと、当社でマネージメントしているビルならば、設備管理も把握《はあく》している以上はさまざまな提案ができます。そのためには見積もりも立てねばなりませんし、どのくらいの規模かをつかまなくてはなりません。規模も大きくなっていきますし、複雑な内容にも進んでいきます。

多くの人からは、清掃《せいそう》というと汚《よご》れているところをきれいにするだけと思われています。しかしそこから必ずレベルアップしていく必要性があるんです。日々の作業の中では当然中高年の人たちも必要です。しかしさらにこの業界がボトムアップ、頂点を押《お》し上げていくには、若い人が必要です。逆にいうと若い人で高い意識をもって入って来る人がいれば、今がチャンスです。自分がステップアップするにはこれ以上のところはないと思います」

介護つき老人ホームで作業中の相田さん

「マネージメント」をめざして

「大学時代のマネージャー兼任《けんにん》の経験が今の仕事に生きていますね。合宿はどこでやるか。そのためにはどういった交通機関でどうやって行き、どうやって泊《と》まり、食事はどうするか。つまりはマネージメントですね。卒業後も日本《にほん》スポーツ振興《しんこう》センターで柔道《じゅうどう》、スピードスケート、レスリングという3種目の担当をして、国際大会に同行しマネージメントをしていました。選手の動きがスムーズにいくようにコーチのサポートをします。大会本部からの通達に沿った動きを選手たちにうまく伝えるお手伝いなどです。今考えると、ビルメンテナンスから、さらに先のマネージメントに近かったわけで、そこに向かう道のりとして、コーチやマネージャーという経験は、とてもよかったと思っています」

そして他の人より少し遅《おく》れてこの業界に入った相田さんは、自分の将来については、

「やはり自分は社長をめざしています。マネージメントです。ビルメンテナンスでなかったとしても、私はマネージメントの会社を選びました。建物か運動部かの違《ちが》いはありますが、マネージメントという部分では同じですよね。運動部だと、合宿に行きたいとすると、ではどのようにするのか、そのためには移動手段はどうするかを考えます。ビルでいうと清掃《せいそう》が必要だ、設備管理が必要だという話と同じです。そういったさまざまな必要に応じて、ビルの管理計画表を組み立てていってひとつのものにして行くという道筋です。基本的な考え方は同じかなと思います。自分でその作業をせず、把握《はあく》ができていなかったら提案もできないわけですよ。選手として参加していた経験からわかることであり、頭にあれこれ必要なイメージをうながしてくれます。ビルメンテナンスにおいても、たとえば日常清掃《せいそう》や定期清掃《せいそう》作業の中で、こういう要望であれば、この作業をしたなら解決するといった提案ができます。そういう意味では、非常に共通点もあり、つながりがあるので、自分としては仕事のおもしろさとやりがいがあると感じてやっています」

業界に頼《たの》もしい人材が加わったことを実感するとともに、時代は変わってきている、その証明現場に出くわしている感慨《かんがい》もまた抱《いだ》きました。

スポーツアスリートの生き抜《ぬ》くパワーと真《しん》剣《けん》で真っ直ぐな考え方にも圧倒《あっとう》されました。

ドキュメント 2 世界一のタワーで活躍するビルメンテナンススタッフ

設備の先にいる人を意識して

東京《とうきょう》スカイツリータウン®
総合管理所《そうごうかんりしょ》・防災《ぼうさい》センター 東武《とうぶ》ビル
マネジメント 設備管理所副所長《せつびかんりしょふくしょちょう》
高《たか》橋《はし》正《まさ》人《と》さん

高橋さんの歩んだ道のり

高校を卒業後、若い人材を積極的に登用していく現在の会社に入社し、病院や商業施設《しせつ》ビルというメンテナンスが難しい施設《しせつ》を経験する。22年間、設備管理ひと筋の経験を見込《みこ》まれ、東京スカイツリー®開業と同時に副所長に抜擢《ばってき》されて世界一のタワーで活躍《かつやく》中。

世界一のタワーをメンテナンス

かつて、東京見物というと日本国中《にほん》から「東京タワー」を見に、そして展望台へ上りにやってきました。東京タワーができたのは、東京オリンピック開催《かいさい》6年前の1958年で、以後は霞が関ビルディングが注目を集め、ジャイアントパンダが目玉となった上野《うえの》動物園、サンシャイン60、東京ディズニーランド、東京・新宿、新東京都庁舎、六本木《ろっぽんぎ》ヒルズなどめざす対象はさまざまに変化しましたが、そのいずれもが建物であり施設《しせつ》であって、ビルメンテナンス業者が管理しています。ビルメンテナンススタッフは、都市のシンボルの裏に必ず存在する縁《えん》の下の力持ちとしての仕事をする人びとです。

21世紀に入って、東京さらには日本を代表するシンボルタワーとしての、東京スカイツリー®が誕生《たんじょう》します。このビルメンテナンスを任されているのが、高橋正人さんたちです。

「やりがいがありますね。誰《だれ》もが知っている建物ですし、誇《ほこ》りにも思います。634メートルと高いタワー（世界一の自立式電波塔《とう》）なので、他の施設《しせつ》とは比べものにならない細心の注意が必要です。いちばん上には避雷針《ひらいしん》や監視《かんし》カメラなどいろいろと機器が存在します。避雷針《ひらいしん》は年に1回の点検に行きますが、命綱《いのちづな》をつけての注意を要する作業で、他の施設《しせつ》ではあまり経験できないものですね。避《ひ》雷針《らいしん》を見る作業もまた、外観点検といってビルメンテナンスの仕事なんです。風の状況《じょうきょう》には特に注意します。下（地上）が無風であっても、634メートルの高さでは強風だったりするので。環境《かんきょう》によって点検の可能不可能が左右されるんです。またメーンの建物であるタワーの昇降《しょうこう》機（エレベーター）は、天望デッキまでのものは毎分６００メートルで動いていてスカイツリー営業の根幹です。これが故障となると、観光施設《しせつ》でもある展望台の営業ができません。前日から天気予報をチェックして、台風が来るとか風が強いと営業停止の判断を下さねばなりません。常に気を使

東京スカイツリー®

う現場だと思います」

東京スカイツリー®は、２００８年７月14日に着工され２０１２年２月29日竣工《しゅんこう》し５月22日に開業しました。工事には延べ約58万人が従事し、東京タワーの当時30億円に比して約６５０億円の総事業費でした。

高橋さんは、病院を手はじめに商業施設《しせつ》などさまざまな現場で経験を重ね、知識を深め、各種の資格を次々に取得し、実力をつけて、遂《つい》に東京スカイツリー®の管理者に抜擢《ばってき》され、副所長となります。

「これまで、辞めようと思ったことはありませんが、お客さんに対して、言われたことができなかったことなど、いろいろと悩《なや》み苦労しました。仕事をする私たちにとってのお客さんというのは、テナントに来るお客さまのことではなく、東武《とうぶ》タウンソラマチ株式会社

や東武《とうぶ》タワースカイツリー株式会社などのことです。そのお客さんの求めるものにいかに応え、サービスを提供できるか。人為的《じんいてき》なミスがあってはならない。冷暖房《れいだんぼう》の切り替《か》えミスなどはもちろん、お客さんと切り替《き》えの日にちを協議して決める。商業施設《しせつ》なので、いくら寒いからといっても勝手に暖房《だんぼう》にはできません。計画と検討がなくては問題です。設備が相手といいながら、人相手でもあるという点で、大変だという思いはあります」

多くのスタッフでタワーの設備を管理

「東京スカイツリー®全体で四十数名の設備管理の人間がいます。ここでは防災センターといいます。勤務体制は交代制で、日勤9時から17時半、早番8時から16時半、遅番《おそばん》14時から22時半、昼夜（泊《ま》まり）9時から翌9時などとなっています」

高橋さんの会社、東武ビルマネジメントは、全体としては4週8休ということになっていますが、勤務体制は現場によってさまざまであり、これはどのビルメンテナンス会社にもいえることです。

一般《いっぱん》に24時間勤務は8時半から8時半まで、もしくは8時から8時までというものが中心です。オフィスビルなどのように、24時間勤務がないところは、9時から17時までと、9時から23時までの2パターンで回すところもあります。

もっとも代表的なパターンは、「日勤、24時間、明け*、休み」という4日間の組み合わせが連続するというもので、これに年休（年次有給休暇《きゅうか》）が加わります。深夜勤務のない現場では、土曜日曜祝日が休みで、他が日

＊明け　朝仕事が終わったあと、そのまま休みになること。

巡回点検する高橋さん

勤という一般《いっぱん》の会社と同じ勤務です。次に多いパターンが、「24時間、明け、休み」という3日間のくり返しです。年間365日として、120日以上の休みがあります。他に夜勤のみの現場で、土曜日曜祝日が休みというもの、あるいは「夜勤、夜勤、明け」という3日間がくり返される現場もあります。

　東京スカイツリー®での設備担当は四十数名ということですが、この人数は、一般《いっぱん》のビルに比べても、商業施設《しせつ》を加味してもやはり多いほうだといえます。また、残業も20〜30時間程度で、これは平均より少し多いくらいです。ビルメンテナンスは他の業種に比べると、非常に残業のない職場といえます。

　日本一高いビルで、かつ日本初のスーパートール（300メートル以上の超《ちょう》高層ビル）でもある大阪《おおさか》「あべのハルカス」の設備管理は、20歳以下5人を含む全部で19人ということで、若さもさることながら、巨大《きょだい》な建物ということを考えると少人数といえます。逆に東京スカイツリー®はそれだけ大変な現場といえそうです。上海《シャンハイ》の200メートルを超《こ》える46階建てのビル、恒生《ハンヤン》銀行タワーは日本のビルメンテナンス会社が管理していますが、そこでも設備管理スタッフは全部で40人いません。

「（東京スカイツリー®では）四十数人がいて、それぞれ分担して担当しても、特に空調施設《しせつ》は数が多く、他の施設《しせつ》でなら一日で見ているところを、ここでは1カ月かかったりします。そのぐらいの物量がありますね。照明の多くはLED照明になっているので、従来の照明と比べるとはるかに交換《こうかん》の頻度《ひんど》は低くなっていきます。実際3年から4年もつといわれていますが、LEDの故障は今のところほとんどありません。開業以来3年と半年が過ぎた現在では、少しずつ交換《こうかん》も出てきていますが、それまではほぼ皆無でした。24時間勤務が必要な理由は、設備が朝早くから深夜まで稼働《かどう》していることと、営業中にほとんど設備を停止することができないためです。24時間勤務というと体がきついんじゃないかというイメージがありますが、仮眠《かみん》時間がありますのでそれほどつらくありません。日によっては、突発《とっぱつ》的な障害や警報、その他の緊急《きんきゅう》対応でまったく寝られないということも確かにあります。でも、そういう日は滅多《めった》にないです」

「点検」のなかにも、毎日、あるいは場所によっては日に何度か行う日常点検と、機械稼《か》動《どう》の始まる時期前や、シーズンごと、月次、年次の定期保守点検とがあります。それらの計画をも立案し、オーナーさんと協議します。そこから新たな仕事を任された時などにはやりがいを感じるといいます。

「お客さんから、専門的な業者依頼《いらい》とは別に、たとえばこの電気工事をやってもらえないかなどの依頼《いらい》があり、またこちらからも、こういう形でこういった方法でやらせてもらえないかという提案をして、その上で仕事をやり切った時などには、達成感があります。建物を動かしているのは事業主とともに、事業主の立場になって考え、行動をしている私たちであると考えるとやりがいがありますね。修繕《しゅうぜん》や点検がないとビルの寿命《じゅみょう》が短くなります。延命できませんから」

資格はあってもそれで終わりではない

従来は、「ビルメンテナンス」というと「ボイラーマン」というイメージが強く、勤務者の構成も、蒸気機関車のボイラーマンが、機関車の電化によって仕事を失い、ビルという新たなボイラーの設置現場誕生《たんじょう》によって流れてきたという面がありました。

ボイラー技士（特級、一級、二級）は、労働安全衛生法に基づく国家資格で、その他にボイラー整備士とボイラー溶接《ようせつ》士とがあり、ビルメンテナンスの現場でも登竜門《とうりゅうもん》とされています。ガソリンスタンドなどで必要な「危険物取扱者《とりあつかいしゃ》」という国家資格がありま す。これがビルメンテナンススタッフの最初に取る資格といわれてきたのは、ボイラーで扱《あつか》う加熱燃料が危険物に相当するからです。

「ビルメンテナンスに必要な資格はさまざまあります。私も危険物取《とり》扱《あつかい》者から始まって、ボイラー技士ももっていますし、その後、今でも資格取得にはつぎつぎと挑戦《ちょうせん》し続けています。実はこの東京スカイツリー®には、ボイラー施設《しせつ》がありません。多くの現場では今、ボイラーが減ってきています。時代の流れでしょうが、冷温水発生機の登場によって、ボイラーがどんどんとそれにとって代わられているというのが実情ですね。

ボイラーがなくなってきてはいますが、資格としてのボイラー技士の需要《じゅよう》は変わらなく存在すると思います。ボイラーには各技術分野が関連していますし、資格不要の冷温水発生機など新しい機械が導入されていくと、出題自体が最新バージョンとなって変わっていき、新しい法律や改正に合わせていきます。

年代によって設備も変わってきて、最近ですと省エネ関係は資格とは別に自分で勉強していかなければなりません。俗《ぞく》にいう簡単な資格から順に取っていきますが、上をめざせば、ここまででよいという段階がありません。これで十分という地点がないのがビルメンテナンスの世界だと思っています」

東京スカイツリータウン®は、国内地域冷《れい》暖房《だんぼう》システムではじめて地中熱を利用し、エネルギー消費を48パーセント削減《さくげん》の省エネ効果をあげたことでも知られています。緻密《ちみつ》な観察の必要な現場です。

「私も実はビルメンテナンスがこんなに大変だとは思わずにこの世界に飛び込《こ》みました。高校時代にビルに興味がありまして、建物の安全や維持《いじ》管理ってどういうものなのかなあと考えていました。学校の先生からのアドバイスでこの業界を知りました。私の職場では当時から高校卒業者を毎年採用していました。資格を取ることもそうですが、経験したことのない作業を覚えていきます。たとえば電気なら照明器具の交換《こうかん》とか、配管工事など、はじめて行う難しい作業を会得していくというう喜びがあります。上司から経験やアドバイスをもらい、自分が逆の立場になると、伝えていくという役割があります。資格試験もまた、免許《めんきょ》をもっている人の勉強のやり方をまねるというのもあります。

この仕事は一人でできる仕事ではありません。向き不向きというわけではありませんが、意思の疎通《そつう》や報告、連絡《れんらく》、相談（報《ほう》・連《れん》・相《そう》）、理解、交流が必要です。どんな基本的な作業も最低二人は必要です。ランプ交換《こうかん》にしても、脚立《きゃたつ》に上る作業者とともに、脚立《きゃたつ》から落ちないよう見張るなどの役割の人がいります。チームワークが必要である以上は、コミュニケーションがいちばん大事であり、伝達能力、協調性が求められます。ここでは電気と空調、衛生、それに消防・建築の全部で4つのセクションに分かれて作業をしていますが、連係プレーが必須《ひっす》で、専門知識や技術以上に協働作業であるという意識が大切だと思っています」

メンテナンスを担う人たちにも時代の変化が

早くから設備管理ひと筋で半生を過ごしてきたといってもいい高橋さんは、ビルメンテナンスの申し子ともいえます。未だこの業界が知られていない時代から若くして飛び込み、また変わりつつある今を迎《むか》えています。

「この現場にも女性が入ってきました。設備にも興味をもつ女性も増えて、時代が変わってきているのかなと実感しています。

この業界は、もともと男性が多く、派手さはないですが、変化はしています。ただ、やっぱり裏方といいましょうか、縁《えん》の下の力持ち、脚光《きゃっこう》を浴びない仕事です。逆に言えばクレームや事故など、何もないのがいちばんいい状態だと思っています。地味ですが、自分の体質には近いのかもしれません。ピッタリ合った仕事です。パソコンでのデスクワークと体を使っての作業とのバランスがいい仕事だと思っています。

健康であれば定年後までできます。他の仕事に就こうと思ったことはありません。そんなに難しい仕事ではありません。ぜひ、若い人にめざしてほしいですね」

控《ひか》え目でおとなしい性格だが、仕事に対する魅力《みりょく》を語る時の高橋さんは力強い。

快適な環境《かんきょう》をつくっているということは、それがあたりまえと思っている人たちからすると目立たない仕事です。

スタープレーヤーや名物リーダーなどが生まれないことが、ビルメンテナンスとしてむしろ「本分を果たしている」証明といえるかもしれません。

高橋さんのような主役が陰《かげ》に隠《かく》れ、いや、見えない場所でこそ、しっかりと存在し、実は活躍《かつやく》している裏の大立者《おおだてもの》というのがビルメンテナンススタッフそのものの姿といえそうです。

Column

シンボルタワー

シンボルのなかでも、都の中心に巨大《きょだい》な目印として存在するのが、モニュメントとしてのタワーです。地域の景観を特徴《とくちょう》づける拠点《きょてん》建造物をランドマークといいますが、その中心をなすのは、わが国において「塔《とう》」と呼ばれています。

わが国最初の都である「飛鳥《あすか》」には、日本ではじめての本格的な仏教寺と推定されている飛鳥寺があり、その伽藍《がらん》は「塔《とう》」を中心としていました。596年建立といわれています。のち世界遺産にも指定された法隆寺《ほうりゅうじ》の五重塔《とう》が創建され、興福《こうふく》寺五重塔《とう》（現在の塔《とう》は室町時代再建）も造られます。奈良の都には平城宮という巨大《きょだい》な建物がありましたが、飛鳥から移され、フェノロサから「凍《こお》れる音楽」と評された薬師《やくし》寺東塔こそ、西ノ京のシンボルでした。

8世紀に京都へと都が移ると、現在、国宝で、こんにち日本一の高い木造塔《とう》でもある教王護国《きょうおうごこく》寺（東寺）五重塔《とう》、醍醐寺五重塔《とう》、江戸時代にも仁和《にんな》寺五重塔《とう》など各時代に塔《とう》が建立されました。さらに東山のシンボル「八坂《やさか》の塔《とう》」（法観《ほうかん》寺）は聖徳太子《しょうとくたいし》によって6世紀に開基されたといわれ、室町時代に再建された四代目の塔《とう》が京都のモニュメントとして、一《いっ》般拝観《ぱんはいかん》できる日本で唯一《ゆいいつ》の重要文化財として今もなお堂々とそびえています。

明治時代に入って東京に都が移ると、最大の都会であり商業娯楽《ごらく》の中心地であった浅草《あさくさ》に凌雲閣《りょううんかく》（1890年）ができます。大阪では通天閣《つうてんかく》（1912年）が誕生《たんじょう》し、これが1956年に2代目に。その2年前の54年に名古屋《なごや》テレビ塔《とう》が建てられ、57年には札幌《さっぽろ》市のさっぽろテレビ塔《とう》、58年には戦後復興の象徴《しょうちょう》ともなった東京タワーが生まれます。町の景観から一転して、都市の眺望《ちょうぼう》を楽しむ塔《とう》へと移行していきます。その後は大阪万博に合わせてのエキスポタワー、平成に入ってアジア太平洋博覧会での福《ふく》岡《おか》タワーや横浜《よこはま》ランドマークタワーが建てられ、そして21世紀、東京スカイツリー®が誕生《たんじょう》しました。

ドキュメント 3 世界一清潔な空港を実現するただ一人の「環境マイスター」

利用する人の側に立って自分に負けないよう一生懸命

日本空港《にほんくうこう》テクノ
業務本部第《ぎょうむほんぶだい》2業務部外商課《ぎょうむぶがいしょうか》
第《だい》2グループ　環境《かんきょう》マイスター
新津春子《にいつはるこ》さん

新津さんの歩んだ道のり

中国《ちゅうごく》残留孤児《こじ》だったお父さんの帰国とともに17歳《さい》の時に日本へ。家計を助けるためアルバイトで始めたビルクリーニングの世界で才能が開花。メーカー就職後も続け、スキルアップのために通った職業訓練校で出会った先生の紹介《しょうかい》で空港専業の現在の会社に。新津さんだけの肩書「環境《かんきょう》マイスター」を得て、多方面で活躍《かつやく》中。

清掃業界のスター誕生

テレビ東京《とうきょう》「出没《しゅつぼつ》！ アド街《まち》ック天国《てんごく》」で、羽田《はねだ》空港清掃のプロフェッショナルとして、ビルクリーニング技能士の彼女《かのじょ》はすでに出演していました。「空を守る女達」の一人として取り上げられたのです。さらに年輪と経験を重ね、２０１５年2月、ＮＨＫ「プロフェッショナル 仕事の流儀《りゅうぎ》」に現れて以降、その反響《はんきょう》は圧倒的かつ爆発的《ばくはつてき》でした。

どのようにして、注目の的となっていったのでしょう。

「テレビに出たら注目されて、驚いています。はじめは清掃《せいそう》の仕事を何もわからずに始めました。嫌《いや》なことでも、一生懸命《いっしょうけんめい》にやっていると自然と体が覚えてしまいます。人のまねをしても構わないです。やっていけば絶対に自分のものになる。知らぬ間に気付いた時にはいつの間にか覚えているということになっています。まわりの人も、いつの間にかできているじゃないの、って言います。そう言われるとうれしいし、褒《ほ》められると人間ってまたがんばろうとする。逆に、「この人はダメだ！」と言われると、自分はダメな人間なんだと思い込《こ》んでいく。思い込《こ》むと自分は誰からも相手にされていないんだとすら考えるようになる。悪循環《あくじゅんかん》となって精神的にも壊《こわ》れてしまう。だから私は私という自分と比べます。昨日までの私はここだから、今日の私はあそこまでがんばらなきゃいけない。だから私は常に自分と自分を比較《ひかく》しています。ダメと言われても、決してダメじゃないんだ、と」

こう語ってくれたのは、新津春子さんです。羽田空港に勤務し、日本空港テクノ株式会社「業務本部第2業務部外商課第2グループ環境《かんきょう》マイスター」という彼女《かのじょ》だけがもつ肩書で、東京《とうきょう》ビルメンテナンス協会《きょうかい》の「建築物衛《か》生管理委員会」講師や職業訓練指導員も兼ねています。

2015年6月に「仕事の流儀《りゅうぎ》」で異例の2度目の放送が行われ、7月にはテレビ朝日《あさひ》お昼の情報番組「ワイド!スクランブル」、8月にもテレビ朝日「週刊ニュースリーダー」ニッポンの仕事人コーナーで「週刊リーダー列伝」として新津さんは紹介《しょうかい》されました。

取り上げられた理由となったのも、彼女《かのじょ》の勤務する羽田空港が、イギリスの会社スカイトラックス社の格付けで、3年連続で「国内線空港世界一」となり、また、2年連続で「世界一清潔な空港」という評価も受けたからです。

空港という特殊《とくしゅ》な現場

空港には、整備地区に航空整備士がおり、管制塔《とう》には航空管制官、駐機場《ちゅうきじょう》には、航空機の誘導をするマーシャラー、機体の向きを変え移動するトーイングカーの運転手、荷物・貨物の積み下ろしなどをするグランドハンドリングスタッフなどの人々が働いています。

ターミナルビルには、パイロットと運行ルートや気象状況《じょうきょう》の打ち合わせをするディスパッチャー、チェックインカウンターで書類確認するグランドスタッフ、税関職員、入国審《しん》査《さ》官などがいます。そしてビルメンテナンススタッフがいます。空港が他のビルの管理と違って独特な施設《しせつ》であるのは、搭乗橋《とうじょうきょう》（パッセンジャー・ボーディング・ブリッジ）と呼ばれるターミナルビルと旅客機をつなぐ設備があることです。

ターミナルビル自体も、飛行機のタラップ、出発・到着《とうちゃく》ロビー、待合室、飲食店舗《てんぽ》、物販《ぶっぱん》店舗《てんぽ》、航空会社、一般《いっぱん》テナントなどがあり、付随《ふずい》する場所も床《ゆか》、天井、壁《かべ》、トイレ、階段など少々他のビル施設《しせつ》とは違《ちが》う部分がありま す。

従って、そこでの清掃《せいそう》にはかなりの工夫が必要です。

「空港の清掃《せいそう》は、特に高所や奥深《おくぶか》い場所、また素材に合わせた、高度で難しい仕事が要求されます。最近は航空機の機内清掃《せいそう》もウチ（日本空港テクノ）で始めました。6カ国ぐらいの従業員が混在して働き、今は大変です。それぞれの場所や用途《ようと》に組み合わせて、80種類以上の洗剤《せんざい》を、最適な素材を選んで使います。時代によってその適性が変わっていきます。清掃《せいそう》の道具もそうですが、毎年新しい製品が登場し毎回テストします。その結果いいものであれば採用して入れ替えます。それも私の仕事なんですよ」

ビル清掃の奥深さ

ビル清掃《せいそう》には、まず床《ゆか》維持《いじ》剤《ざい》や洗剤《せんざい》、清《せん》浄《じょう》剤《ざい》の薬剤《やくざい》類が使われる。また病院などでは、病原微生物《びせいぶつ》を対象として殺菌《さっきん》あるいは減《げん》菌《きん》または感染の危険を取り除く消毒薬が使われる。

ほかにエアカーテン、ゴンドラなどの清掃《せいそう》用設備、電気掃除《そうじ》機やポリッシャー（電気床《ゆか》みがき機）などの清掃《せいそう》用機械、そして作業用カートや靴《くつ》洗い機、脚立《きゃたつ》などの清掃《せいそう》用器具、さらにほうき、モップ、ブラシ、たわしといった清掃《せいそう》用荒物《あらもの》がある。これらの新商品の採用決定や、メーカー（パートナーの協力会社）とともに新商品の開発も新津さんは行っています。たとえば、トイレの手を洗ったあとに使う手の乾燥機《かんそう》は、排水溝《はいすいこう》の清掃《せいそう》が難しかったのですが、専用ブラシをメーカーと共同で開発したりしました。

「環境《かんきょう》マイスターになったので、現場と指導の両方の役割を担っています。〝テストする〟ということはいつも現場に入って作業をしながらの試行錯誤《しこうさくご》で、一人で作業しています。今はそれに加えて、現場責任者が解決策をわからないでいる時に教えたり、現場で実際に手本としてやって見せたりする指導的な役割も担っています」

一見、誰《だれ》にでも短時間で覚えられる面があり、間口が広く、敷居《しきい》が低い清掃《せいそう》の業界は、正社員としてだけではなく、アルバイト、パートが多く、また学生や主婦を含《ふく》め時間帯や日数などを広く選べる職種であり、現場で作業する人の年齢層《ねんれい》も幅広《はばひろ》いのですが、逆に長い経験を積んで専門性を極めていく人がなかなか出てきません。その内容が難しい仕事の割にはその技術の高いところに到達《とうたつ》する人がなかなかいません。お客さんがいなくなってから、閉店以降のみという時間指定や、さまざまな制約によって短時間短期間の派遣契約《はけんけいやく》という職場も多いため、若い時期から「正社員」としてこの世界に飛び込む人間が少ないという業界事情もあります。

ビル清掃《せいそう》業界に飛び込《こ》む

新津さんは、高校生でのアルバイトから現在まで、28年間継続《けいぞく》勤続であり、ビル清掃《せいそう》史を背負っているともいえます。どういった経《けい》

清掃中の新津さん

緯《い》でこの世界に飛び込《こ》んできたのでしょうか。

「お父さんが中国残留孤児《こじ》だったんです。帰国事業が始まって、それで一家で日本へ瀋陽《シンヨウ》から引っ越《こ》して来たんです。ウチは中国では裕福《ゆうふく》な部類だったと思いますが、日本に来た時お金が尽《つ》きちゃったんです。それで、すぐにでも働かなきゃいけなくなった。職安に相談に行ったら、清掃《せいそう》の仕事があって、両親と姉と私の4人、弟以外はみなその同じ会社で働きました。日本語が不自由でも始められる仕事のひとつということで、それが清掃《せいそう》でした」

　清掃《せいそう》の仕事をしながら、みんなで日本語を覚えていった新津さんとその家族。従って、仕事は言葉やマニュアルで覚えるというより、体で、実体験で覚え、身につけていきました。特に若い新津さんの技術の習得は抜群《ばつぐん》に早かったといいます。

「仕事を見て覚えるのは早かったです。頭を使うのは苦手だけれども、見て覚えてまねするのはすごく早い。だからまず体で覚えるんです。最初は掃除機《そうじ》がけ2時間、ゴミ回収が3時間といったふうに、アルバイトで一つひとつしっかりと覚えていきました。そのつぎはトイレ掃除《そうじ》。便器だけじゃなく床《ゆか》から、壁《かべ》、天井《てんじょう》の全部です。さらに同時に2つの清掃《せいそう》会社をかけもちしたりして、どんどんと覚えていきました。交通費がひとつですんで安上がりだし、両方の会社の仕事を覚えるという利点もあった。同じ場所でも会社によって別々のやり方をしていることが多いし、使う洗剤も違《ちが》えば道具も違《ちが》う。壁《かべ》、フロア、石関係とかそれぞれ方法が違《ちが》います。その後も十数社で清掃《せいそう》の仕事をしました。だから、今マイスターとして、オールマイティーの人を育てなければいけない立場になりました」

清掃《せいそう》のオールマイティーへの道のり

高校2年生在学中に、はじめに入ったアルバイトが清掃《せいそう》で、高校を卒業後に電機メーカーに就職するも、会社に通いながら、かけもちでなお清掃《せいそう》のアルバイトを続けます。

「9時から5時までの仕事では全然生きていけないもの」と夜2~3時間の清掃《せいそう》を続け、正社員だった電機メーカーの仕事は「全部覚えて飽きた」ということで、東京都大田区にある東京都立城南職業能力開発センターの「ビルクリーニング管理科」に通うことに。

そこで師となる人物、鈴木優《すずきゆう》さんと出会います。鈴木さんはこの学校の講師であるとともに空港の清掃《せいそう》ひと筋で生きてきた人でした。

新津さんは厚生労働省《こうせいろうどうしょう》認定の「ビルクリーニング技能士」資格を取得し、鈴木さんの勧めで1993年に羽田空港での勤務となります。そして実力を積み上げ、1997年の「全国ビルクリーニング技能競技会」に出場。「子どものころ、中国では瀋陽市と区の選手として陸上競技の砲丸《ほうがん》投げをやっていたので、人と競争するのがあたりまえの感覚なんです。諦《あきら》めることは絶対にしない。諦《あきら》めるくらいなら死んだ方がいいというくらいの感情があります」という新津さんは、史上最年少の27歳《さい》で日本チャンピオンに輝きます。これらの功績を含《ふく》め、海外視察にも行きます。

「最近ドイツとフランスの空港関係の視察に行きました。どういう人たちがどのように生活しているのかな、この人たちが日本に来るときに、どんなサービスや案内をしたらいいのかな、どう対応し何を注意しなければならないのかな、そういうことを行く前から考えていることが楽しいんです」

日本空港ビルグループは、「訪れる人に安らぎを、去り行く人にしあわせを（PAX INTRANTIBVS SALVS EXEVNTIBVS）」を顧客《こきゃく》満足の理念としている。この言葉は、ドイツのローテンブルクという街の玄関《げんかん》口であるシュピタール門（Spital Tor）に刻まれているラテン語として知られています。新津さんはこの地を訪れ、サービスの根源の存在をその目で確かめてきました。そしてミュンヘン空港、シャルル・ド・ゴール空港などを訪れました。

清掃《せいそう》が天職

空港という場所は、（清掃《せいそう》も含《ふく》め）ビルメ

ンテナンスの場合は、仕事の対象として、利用者の「お客さま」にプラスしてその相手をする「従業員」をも対象とします。その両方が使う場所の管理をしています。清掃《せいそう》作業が、通行の邪魔《じゃま》とならないためには、旅客はもちろん、ビルや整備地区、駐機《ちゅうき》場、管制塔《とう》のスタッフなどをも対象としなければなりません。

新津さんはたまたま清掃《せいそう》が自分に「合った」仕事だと言います。

「私、清掃《せいそう》が大好きだから。体を動かすことが好きで、全身を動かして仕事したいんですよ。相性がいい。他の仕事をすることになっても、ダメになった時、清掃《せいそう》という帰って来る場所があると思っています。捨てるには惜《お》しい仕事なんです。それに私、月給１００万円あげるから他の仕事に来てくださいと言われても、行きません。能力もないのに他の仕事はできませんし、清掃《せいそう》が好きなのは、自分らしくいられるから。

私も自信がないものはたくさんある。そのなかで、清掃《せいそう》は自信をもつまでになったから意見が言える。自信のあるものが何かひとつ、あればいいんですよ。別に仕事じゃなくてもいい。要は得意分野を何かしら見つける。それがお金になる、ならないは関係なく、とにかく見つける。それこそが生きてる証拠《しょうこ》じゃないですか。〝自分はこういう得意なもの（清掃《せいそう》）をもっているからそこまで落ち込むことはない〟という言葉は、へこんだりした時に自分に言い聞かせる決まり文句のようなものなんです。人間って結構、人と比べちゃうんですよね。先輩《せんぱい》や仲間と比べると落ち込《こ》んだりもします。だけど相手が自分だと楽しく闘《たたか》える。結局、人より何かしらよくできる

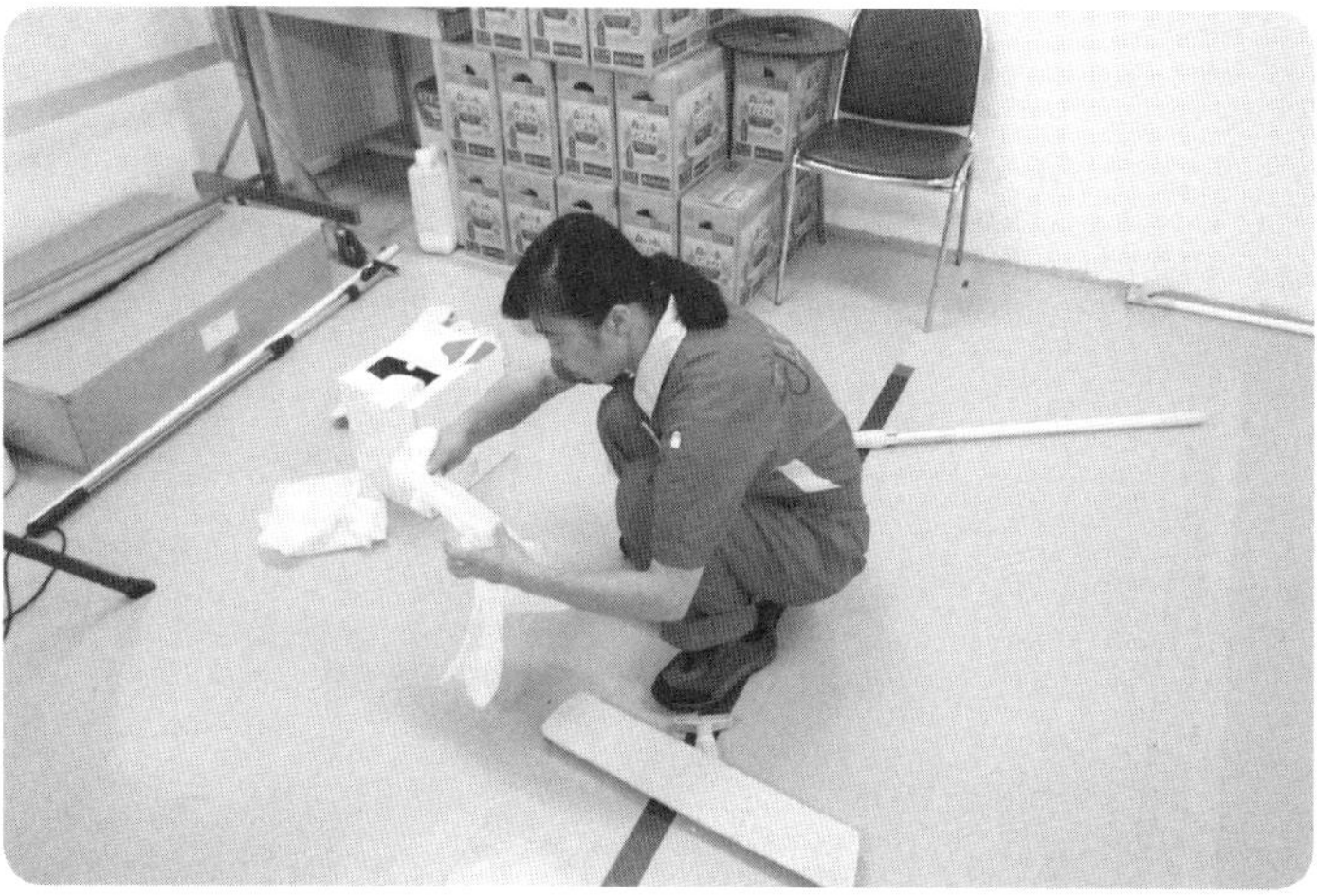

清掃用具を準備中

ものがあれば、誰《だれ》も何も言えなくなる。でも全部が中途半端《ちゅうとはんぱ》だと、その人の得意分野が外からは何も見えないんですよ。外見だけでは、何を考えているか、どういう人間なのかは分かってもらえないじゃないですか。そうすると下に見る人も出てきます。その人の得意をわからないままに下に見られることになる。そうするとイライラしてまたむだな時間を過ごすことになる。だから自分と闘《たたか》って成長した結果、相手に認知させることは、生きていくためには必要なの。そうしないと、私ずっといじめられていたと思います」

これからの新津春子

今後の目標は、65歳《さい》でもう一度日本一になることだという。

「全国ビルクリーニング技能競技会って、7

位までが入賞なのですが、一度入賞してしまったら、もうその大会には出られないんです。もちろん今の私も出られません。けれど、定年を過ぎて会社を辞めたあとにアルバイトでまだ仕事を続けている高齢者《こうれい》も出るわけですよ。そうなったら、特例で、きっと扱《あつか》いが変わって、枠《わく》がつくられて出られると思うんですよ。どうせそんなお婆《ばあ》ちゃんに勝てるわけがないから、ということでつくられるはず。そこを突破《とっぱ》する。今までの形を破るっていうのが私、大好きなんですよ。それが楽しみです」

最後に仕事で大切にしていることを聞くと、

「モップで床《ゆか》の清掃《せいそう》をしていた時なんです。床《ゆか》をハイハイしている赤ちゃんを見かけたんです。このまま、このモップで前に進んでいいものだろうか……。ふとそう思ったんです。

つまり、この目の前の赤ちゃんまでをも含《ふく》めたお客さま全体にどれだけ目が行っていたのか、注意を払っていたのか、考え込《こ》みましたね。赤ちゃんに害を及《およ》ぼさないため、危険や不安を与《あた》えないために、どこまできれいにできるのか。そして心を込《こ》めた仕事ができるのか。これでよいと自分が判断し、十分きれいだと満足していた風景が、むしろもっと〝利用する人の側〟に立って、もう一度大丈夫？　今度は別の見方でだいじょうぶ？　という目で見るようになったんです。技能にプラス心で仕事をするということでしょうかね（笑）」

と、新津さん。

頂点に立っても向上心を失わない姿勢がその高い技術を支えています。２０１９年７月には、「仕事の流儀」に３度目の特集をされ、現在、著書５冊の新津さんです。

2章

ビルメンテナンススタッフの世界

ビルメンテナンスの歴史

都市が生まれ、快適さを追求し、省エネに向かう、ビルメンテナンスの環境

ビルメンテナンスの歴史は、定義や職務内容が混在していてわかりにくく、統一された資料が作られてきていないのが現状です。

そのため以下、「ビルディング」「エレベーター」「清掃《せいそう》」「警備」「ボイラー」「中央監《かん》視《し》」と6つの歴史に分け、それらを統合する形で示していきます。

ビルディングの歴史

ビルメンテナンスの歴史は、ビルディングつまり高層建築物に始まります。ビルがなければ、その清掃《せいそう》も警備も設備管理も必要がないからです。

現在、実務上、低層は1～2階、中層は3～5階、高層は6階以上とされており、6階以上の建物が高層建築物と考えられます。建設省《けんちく》（現・国土交通省《こくどこうつう》）が1995年に策定

した「長寿《ちょうじゅ》社会対応住宅設計指針」では6階以上が高層住宅とされています。消防法や電波法では、高層建築物を「高さ31メートルを超《こ》える建築物」と定義し、いわゆる10階以上を高層としています。31メートルとは、はしご車のはしごが届く高さです。

6階建て以上の建築物には、ほとんどビルメンテナンススタッフを置きます。5階建て以下の建物でも、大型のショッピングモール、地方のリゾートホテル、薬品や食品の製造、印刷、清掃《せいそう》などの工場、国際文化会館などの要人が来館する場所などには、常駐《じょうちゅう》のビルメンテナンススタッフが置かれます。しかしオフィスビルの場合は、多くは巡回《じゅんかい》してもらうだけ、緊急《きんきゅう》時の警備契約《けいやく》だけということになります。ビルは本来、自社で業務管理の一部として管理することですみます。多数のビルが出現することにより、継続《けいぞく》的な「仕事」として、それらをまとめて請け負《う》う専門の「会社」として成立します。

高層建築物としては、1888（明治21）年、大阪《おおさか》に「五層楼眺望閣《ろうちょうぼうかく》（5階、31メートル）」、翌年に「九層楼凌雲閣《ろうりょううんかく》（9階、39メートル）」が建てられ、当時日本一の高さを誇り「ミナミの5階、キタの9階」として親しまれました。その翌年1890年に東京で、「浅草凌雲閣《あさくさりょううんかく》（12階、52メートル）」が登場し日本一の高さを奪《うば》います。日本初の電動式エレベーターが設置されるも、ニューヨークのエンパイア・ステート・ビルディング同様に単独では営業的に採算が合わず厳しい経営となります。

日本にビル街ができるのは、１８９４年竣工《しゅんこう》の「三菱一号館《みつびしいちごうかん》」を手はじめに１９１２年まで総計20棟《とう》の赤レンガ造りの「一丁倫敦《いっちょうロンドン》」と呼ばれた丸の内オフィス街が始まりです。つぎに１９１８（大正７）年竣工《しゅんこう》の「東京海上《とうきょうかいじょう》ビルディング」から１９２３年まで行幸《ぎょうこう》通りをはさんで宮城《きゅうじょう》（皇居）から中央停車場（東京駅）まで建ち並《なら》ぶ「一丁紐育《いっちょうニューヨーク》」といわれた鉄筋コンクリート造りのビル街ができます。

「一丁倫敦」など丸の内一帯を占《し》める三菱の一連の建物は「三菱村」と呼ばれ、日本橋《にほんばし》を中心として栄えたのが「三井《みつい》」系列の建物で、凌雲閣を超《こ》え日本一の建物となるのが、日本初のエスカレーターも設置された、１９１４年竣工《しゅんこう》の三越《みつこし》日本橋新館（５階、51メートル）です。ただ、これら建物のメンテナンスは、三井や三菱の社内の人たちが自主的に行っていました。また清掃《せいそう》の概念《がいねん》、警備の必要、現在のような設備がない時代でした。

日本橋三越の高さを抜《ぬ》いたのが１９３６年にできた国会議事堂で、その後は東京オリンピック開催《かいさい》に合わせ開業した日本初の高層ホテル「ホテルニューオータニ本館（17階、73メートル）」が１９６４年にでき、この時にはビルメンテナンスが次の段階に入っていました。つまり、警備業務が分かれて伸長《しんちょう》していく時代です。そしてそれを抜《ぬ》く高さの超高層ビルが出現します。１９６８年の「霞《かすみ》が関《せき》ビルディング」（36階、１４７メートル）」です。この時が設備管理請負《うけおい》の本格的な始まりです。

日本での超《ちょう》高層ビルの第1号は、法律的には「60メートル以上」のホテルニューオータニ本館で、本格的な100メートル以上の超《ちょう》高層ビルといわれるのが霞が関ビルです。

なお、世界でいち早く近代ビル街ができたのは、1666年のロンドン大火で崩《くず》れ落ちたセントポール大聖堂が1710年に完成し、一帯が復興したシティ・オブ・ロンドンです。次に、ロンドンに次ぐヨーロッパ第二の都市パリで、1853年にナポレオン三世がジョルジュ・オスマンに抜本《ばっぽん》的なパリ改造を行わせ近代化させました。

現代の超《ちょう》高層都市ができるのは、1880年代で、アメリカのシカゴ摩天楼《まてんろう》です。あとを追うように1890年のニューヨーク・ワールド・ビルディング（94メートル）竣工《しゅんこう》をはじめ、急成長するマンハッタン島の摩天楼《まてんろう》のビル群の建設が開始されます。このニューヨークで15パーク・ロウ（119メートル）が建てられた1899年の元日に、日本では俳人の正岡子規《まさおかしき》が新聞『日本』に「四百年後の東京」と題して寄稿《きこう》しています。そこには東京にも3階建てから5階建ての高く突き出た建物が空を仰《あお》いでいるだろうと未来の図を想像して記しています。日本一高い5階建てのデパート三越新館ができるのはその15年後です。「一丁紐育」は30メートル級にとどまるビル街でした。

日本にニューヨーク級の摩天楼《まてんろう》が生まれてくるのは、1971年の京王《けいおう》プラザホテル（47階、170メートル）が日本一の高さとなってから新宿《しんじゅく》に起こります。その後は六本《ろっぽん》木《ぎ》や大阪のビル群など各地に超《ちょう》高層ビルが建ち並《なら》び、ビルの建ち並《なら》ぶ都市も各地にできて、ビルメンテナンス業も業種を広げ、全国展開されていったというのが現在までの流れです。

エレベーターの歴史

井戸水を汲《く》み上げるように、人力で綱《つな》を滑車《かっしゃ》で巻き取って籠《かご》を上下させる方式の器械、すなわちエレベーターはアルキメデスがすでに考案し、紀元前から存在していました。

人力でないものは、１８５３年ニューヨークでの第2回万国博覧会ラッティング展望台（高さ３５０フィート＝約１０７メートル）にはじめて登場しました。

それは今ある電気式ではなく蒸気によるもので、また荷物運搬《うんぱん》用です。現在では人が乗れない運搬《うんぱん》機械は、リフトまたはダムウェーターと呼ばれて区別されています。このニューヨーク万博で発表したのは、アメリカ人のエリシャ・グレイブス・オーティスで、みずからが乗ったエレベーターで綱《つな》を切り、ブレーキに関する画期的な落下防止の安全装置《そうち》を実証しました。その後、１８８９年のパリ万博で建てられたエッフェル塔《とう》に、5基のうち2基の水圧エレベーターが採用され、現在は4基すべてがオーティス社製となっています。そして21世紀の現在でもオーティス社は、エレベーターメーカーで世界の先頭を走り続けています。

ところで、エレベーターの発明は建物の高層化を推し進めることになります。19世紀のロンドンやパリにおける建物の高さは5～6階程度で、それは人間が階段で登ることのできる限度の高さから逆算された結果でした。しかしエレベーターの発明がこの限界を超《こ》えさせます。

エッフェル塔《とう》などシンボルタワーでの「望むだけのエレベーター」から実用的な生活機械へと変貌《へんぼう》を遂《と》げたのが、ビルディングの歴史でも述べたシカゴとニューヨークにおける摩天楼《まてんろう》の開発です。１８８３年に、シカゴで世界初の近代高層ビル、ホーム・インシュアランス・ビル（10階建て）が竣工《しゅんこう》し、エレベーターの実用化が始まります。

日本では、１８７５年に王子製紙十条《おうじせいしじゅうじょう》工場で、荷物運搬《うんぱん》用の水圧式エレベーターが設置され、最初の電動式エレベーターは、１８９０年11月10日に東京・浅草の展望台「凌雲閣」に誕生《たんじょう》します。日本《にほん》エレベーター協会《きょうかい》による「エレベーターの日」はこの日に由来します。１９１５年には日本初の電動式エレベーターの国産化に東松孝時《とうまつたかとき》が成功しています。１９９３年には横浜《よこはま》ランドマークタワーの完成で、毎分７５０メートルという当時世界最速のエレベーターが登場します。

エレベーターのメンテナンスは、エレベーターの設置の始まりからずっとともに歩んでいます。製造会社傘下《さんか》の子会社がそのままメンテナンスをし、その仲介《ちゅうかい》をビルメンテナンスタッフが行っています。

建設省（現・国土交通省）が1995年に策定した「長寿《ちょうじゅ》社会対応住宅設計指針」では、「6階以上の高層住宅にはエレベーターを設置するとともに、できる限り3～5階の中層住宅等にもエレベーターを設ける」と規定され、一般《いっぱん》住宅でも需要《じゅよう》が予想されます。

清掃《せいそう》の歴史

清掃《せいそう》するという概念《がいねん》は、まずはトイレから始まります。トイレ掃除《そうじ》の歴史は古く、ラスコーの洞窟壁画《どうくつへきが》にもその様子が描かれています。しかし建物や道路、乗り物が公共財として存在し、それらの清掃《せいそう》業務を請け負う時代は、建物が建ち並《なら》び、公共や清潔に対する意識が高くなってからのことです。

古代ローマにはトイレや下水道が存在していました。下水道のない時代とは、汚《よご》れた水は常に道路に垂《た》れ流されていた「フタのない汚水溜《おすいだ》め」ともいわれる時代です。

12世紀のパリの各家庭にトイレはなく、たまった汚物《おぶつ》はそのまま窓からパリの街路へ投げ捨てられていました。パリ初の本格的な公衆トイレ（男性用）が大通りに設置されたのが、1841年のことです。

インカ帝国が遺した雲の上のニュータウンと呼ばれる、ペルーの空中都市「マチュピチユ」の建設は、１４５０年ごろ着工されたものです。皇帝の居室には、ここにもまた古代ローマ同様に、水洗トイレが設置されていました。

アメリカ初の下水道システムは１８６０年代のシカゴに誕生《たんじょう》し、その後の30年間で全米20都市に下水道網《もう》ができます。

日本でのビルメンテナンスの歴史は、清掃《せいそう》業務から始まりました。

終戦後、東京のビルに連合国軍最高司令官総司令部（ＧＨＱ）が設置され、その接収建物で、軍の指導のもとに日本人がアメリカ清掃《せいそう》管理方式による清掃《せいそう》作業に従事するようになりました。接収されたビルには、エレベーターなどの設備が整い、床《ゆか》には、アメリカから持ち込んだアスファルトタイルが敷《し》かれ、伝統的に行っていた日本の「雑巾《ぞうきん》がけ」から「モップがけ」による清掃《せいそう》へと一大転換《てんかん》がなされます。アメリカに元々あった清掃《せいそう》設備員のマニュアルが取り入れられ、「ジャニター」と呼ばれていました。これが発展し、清掃《せいそう》業務の請負《うけおい》制度による「ビルメンテナンス」業が始まります。現在は清掃《せいそう》業務の従事者は、全国ビルメンテナンス協会では「クリーンクルー」と呼ばれています。

さらに、日本の官公庁の委託《いたく》清掃《せいそう》も始まり、ビル清掃《せいそう》請負《うけおい》業者が多数誕生《たんじょう》します。大手の会社がもつビルの清掃《せいそう》も、これまで会社内で自主的に行っていた作業を「ビルメンテナンス業」として、外部委託《いたく》をし始めます。１９５０年代に最初のビル建設ブームが起きて、まずは清掃《せいそう》からビルメンテナンスは一気に広がりました。

カーペットは、アメリカでは土足で歩く足下の床材《ゆか》ですが、日本では横になって寝転《ねころ》がる場所でもあります。当然清掃《せいそう》の方法は変わります。イギリスでの清掃《せいそう》は、外部委託《いたく》は近年需要《じゅよう》が高まった程度であり、自社による清掃《せいそう》が主流でした。ドイツは1930年代に、業種として認められ、1953年には「手工業法」の適用となります。日本では、ほうき、ちり取り、羽根はたき、たわしなど古くからの清掃《せいそう》用具や習慣も手伝って、独自の発展を遂《と》げ、1970年に、清掃《せいそう》はビルメンテナンスをリードし、「建築物における衛生的環境《かんきょう》の確保に関する法律」が施行《しこう》されます。整理、整頓《せいとん》、清潔、清掃《せいそう》、躾《しつけ》の「5S」という標語もできています。

日本の清掃《せいそう》は、「世界のお手本」として広く認知されています。

警備の歴史

清掃《せいそう》の歴史の項《こう》でも書きましたが、ビルメンテナンスの始まりは、戦後GHQ施設《しせつ》の清《せい》掃《そう》業務を委託《いたく》されたことに始まるといわれます。そこでビルのオーナー会社が自社の社員でやっていることを委託《いたく》として他の会社に代行させられないかと考えます。清掃《せいそう》だけでなく、設備（当時はボイラー管理といっていました）、警備（当時は守衛業務といいました）

と広がっていきます。それらを統括《とうかつ》して委託《いたく》を受けることでビルメンテナンスというひとつの業種ができ上がっていきます。

1964年の東京オリンピックで、競技施設《しせつ》や選手村の警備依頼《いらい》をされ、より警備業務自体が特化されます。警備業は、その翌年に始まるテレビドラマ『ザ・ガードマン』によって広く認知され、独り歩きし、ビルメンテナンス業から離《はな》れていって「警備」は、独立した業界を形成しました。

「警備業」は早くに日本標準職業分類に名を連ね、遅れてやはり同じ産業分類「サービス業」としてビルメンテナンスも加わりました。また警備業の中の「機械設備」部門にビルメンテナンスも含まれ、たがいに再び複合化しつつあります。

「あさま山荘《さんそう》事件」*のあった1972年に警備業法が施行されます。82年警備業法改正により、警備員指導教育責任者、機械警備業務管理者制度が開始され、1986年には4種類の検定制度（空港保安警備、交通誘導《ゆうどう》警備、核《かく》燃料物質等危険物運搬《うんぱん》警備、貴重品運搬《うんぱん》警備）も開始されました。

2001年7月に起き、死傷者250人以上を出した明石《あかし》花火大会歩道橋事故は、警備上の問題点が問われました。これを契機《けいき》に2005年11月に警備業法の改正が行われます。「警備員指導教育責任者」は、1～4号の区分ごとに細分化され、2号警備である交通誘《ゆう》

＊あさま山荘事件　長野県軽井沢にある企業の保養所で連合赤軍が人質をとって立てこもった事件

導《どう》には従来なかった「雑踏《ざっとう》警備」が加わりました。

警備会社は近年、訪問介護《かいご》サービスと薬剤《やくざい》提供サービスを柱にした本格的医療《いりょう》サービスを開始しています。加えてネット社会の被害《ひがい》を防ぐ安全サービスにも進み、警備とメディカル系事業、および情報セキュリティ事業が合体化し始めています。警備業はこれまでも警察、消防、救急のスタッフたちと綿密な連携《れんけい》をしてきましたが、人命や財産に加え情報という領域が重なって、さらに絆《きずな》を深めていく必要があります。また、セキュリティの技術革新は速く、設備の寿命《じゅみょう》や耐用《たいよう》年数が満了《まんりょう》する以前に更新《こうしん》も進めていく必要があります。ビルメンテナンスのなかで、いち早く変化している業界といえます。

ボイラーの歴史

ビルメンテナンスという仕事は、清掃《せいそう》に始まり、つぎに警備が広がっていき、その後は設備、特にボイラーマンとして重宝され伸《の》びていきます。

ボイラーという設備は、大型船舶《せんぱく》や蒸気機関車での需要《じゅよう》が多くあり、また、鎌倉《かまくら》時代から存在したといわれる日本独特の公衆浴場《こうしゅうよくじょう》、銭湯でも、ボイラーが活躍していました。

しかし、時代の流れは、蒸気機関車から電気機関車へ、銭湯から内風呂《うちぶろ》へ。ボイラーの姿はすぐ見えるところから消えていき、ビルの中へ移っていき見えにくくなってます。のちに『ビル新聞』となる『東北ビル新聞』の第6号（1968年12月発刊）には「わが社（注・株式会社日本《にほん》ボイラービルサービス）も昭和三二年仙台郵政局《せんだいゆうせいきょく》ビル完成と同時に受注を受け、東北では初めての本格的ビル管理業務を開始し、今日に於《お》ける業務管理体系を確立した。」という記事が載《の》っています。わが国の8大都市のひとつ仙台で、ビルメンテナンス業が始まったのが、1957年ということですから、1960年代には全国の主要都市で始まったと考えられます。その社名が、ボイラービルサービスといいます。

ビルメンテナンスという仕事は、本来、表舞台《ぶたい》で活躍《かつやく》する警官や設計士とは違《ちが》い、あくまで裏方の仕事で、多くはビルの地下にいます。氷山の水面下が巨大《きょだい》であるように、仕事内容も派手さはありませんが、奥深《おくぶか》く幅広《はばひろ》い領域をカバーし、現在もその領域は広がっています。

ボイラー技士試験の受験者は、現在「二級」「一級」「特級」まで含めて3万5000人程度ですが、2000年代に入るまでは5万人を上回っていました。

ボイラーの国内設置台数ですが、こちらはさらに減り続けています。『ボイラー年鑑《ねんかん》』（一般《いっぱん》社団法人日本《にほん》ボイラ協会《きょうかい》）によると、2013年末で2万7000基ですが、1980年には12万1000基の設置がありました。

日本の産業構造が、ボイラーを多く使用する製造業が中心の重厚長大型から、第3次産業にシフトチェンジしていったことも、ボイラー需要《じゅよう》が減った大きな理由です。1980年代から製造業の国内工場が海外移転し、またバブル期以降は、ボイラーにかかわる性能検査の対象とならない設備への転換《てんかん》が進みました。

一方でビルは、高層化、インテリジェント化、エコシステム化、データのオープン化を進めています。ビルメンテナンススタッフは、ビルそのものの伴走者《ばんそうしゃ》であり、街の身体組織の一部でもあります。そしてあくまで、警官に引き渡《わた》すガードマンであり、設計の意思を受け継《つ》ぐ立ち会い点検修繕《しゅうぜん》スタッフです。

ボイラーとともに「ボイラーマン」という象徴《しょうちょう》で始まった設備管理は、ボイラーが消えても、また別の設備、施設《しせつ》を制御《せいぎょ》、運転、修繕《しゅうぜん》、管理、運用していかなければなりません。

現在の日本の主なボイラー企業《きぎょう》は、三菱《みつびし》パワーシステムズ、川崎重工業《かわさきじゅうこうぎょう》、住友重機械《すみともじゅうきかい》工業《こうぎょう》、タクマ、三浦工業日本《みうらこうぎょうにほん》サーモエナー、サムソン、ヒラカワ、IHI《アイエイチアイ》となります。

中央監視《かんし》の歴史

今やビルメンテナンスといえば、中央監視《かんし》をさし、中央監視制御《かんしせいぎょ》や中央管理室といえばビルメンテナンスをさすほど設備全般《ぜんぱん》を制御《せいぎょ》する監視装置《かんしそうち》は、ビルメンテナンスの仕事をする上で中核《ちゅうかく》をなすものです。それは、空調機を制御《せいぎょ》する必要から始まります。

初期の大型コンピュータは発熱が大きく、コンピュータがビルに設置されると、高温による故障や不具合の問題が頻発《ひんぱつ》します。この温度問題を解決するために、事務所にエアコンはなくとも、コンピュータのために空調機を入れることになります。官公庁にも電算機センターが設置され、同様に空調機も設置されます。しかも、空調機は、温度を下げるだけでなく常に温度設定を調整しなければならないため、制御《せいぎょ》が必要となってきたのです。

空調機が、贅沢《ぜいたく》ではなく、あたりまえにビルに登場し始めると、制御《せいぎょ》としての中央監視《かんし》装置《そうち》の導入が考えられるようになります。こうして1960年代、一部のビルには巨大《きょだい》なデータセンターが現れます。最初期のビルオートメーションシステム（BAS）です。コンピュータの温度制御《せいぎょ》のために、コンピュータを導入することになります。

コンピュータ制御《せいぎょ》になると、運転員が設備の現場に出向かずにすみ、モニタリングしながら遠隔《えんかく》操作できるようになります。設備機器の制御《せいぎょ》（中央監視《かんし》）が、ビルメンテナンススタッフの業務を「操作」から「点検・記録」へと変貌《へんぼう》させます。危険を未然に予知（感知）でき、故障箇所《かしょ》の特定も短時間（瞬時《しゅんじ》）で可能となります。スケジュール管理もできてむだなコストも減ります。

しかし1973年のオイルショックで、ビルも合理性や快適性の面だけでなく、省エネルギービルへの転換《てんかん》を迫《せま》られます。1980年代には省エネビルが登場します。制御《せいぎょ》するコンピュータも大型の時代からミニコンピュータになり、ユーザーがプログラミングできるようになり、そのビルに適した省エネ管理が進みます。

その後、通信の自由化により1984年、アメリカに世界初の「インテリジェントビル」が登場。ユナイテッド・テクノロジーズ・ビルディング・システムが建てた自社ビルのキャッチコピーとして定着させます。BA（ビルディングオートメーション）、TELECOM（テレコミュニケーション）、OA（オフィスオートメーション）を統合した高付加価値オフィスビルをさすことになります。日本では、セキュリティシステムも統合したインテリジェントビル建設が1990年代まで続き、映像も取り入れたマルチメディアビルとなっていきます。

2000年代に入ると、ネットワークとつながり、オープンシステム化され、多様な利用者のそれぞれのニーズに合わせて対応できるネットワーク型のビルシステムとなりました。

中央監視《かんし》の仕組みと進歩は、ビルそのものの歴史と深くかかわり、たがいが刺激《しげき》し合って、要求と応答をくり返しています。発展の仕方によっては制御《せいぎょ》する人間の側をも制御《せいぎょ》しかねない面があり、どこまで中央監視《かんし》システムの要求を受け入れ、また利用していくかが大きな課題となります。

人間の欲望は果てしなく、サービスはいくらでも可能ですが、現実にはコストを上げます。エコからゼロエネルギービルへと究極のビル形態も考えられています。小規模ビルなどでは、無人ビル管理システムも実現可能な時代になってきています。

中央監視《かんし》装置《そうち》の著しい進歩は、点検や修繕《しゅうぜん》作業を減らし、監視《かんし》装置《そうち》にかかわるわずかな人間の高度化が進み、末端《まったん》の作業員として多くたずさわってきたスタッフは、減っていく傾向《けいこう》にあります。コンピュータによって人が仕事を奪《うば》われていく事態ともいえます。

一方で、高度な監視《かんし》制御《せいぎょ》能力者及《およ》び各種施設《しせつ》に長じた人材が求められるようになってきます。近年、建設業界では世代交代によって、型枠《かたわく》工、鉄筋工、溶接《ようせつ》工などの専門職及《およ》び1級建築施工《せこう》管理技士等の国家資格技術者が絶対的に不足しています。ビルメンテナンス業界でも同様の事態が起きると、顧客《こきゃく》のニーズに応える新たな技術やサービスの導入が停滞《ていたい》することにもなりかねません。ビル内のテナント相互《そうご》はもちろん、近隣《きんりん》のビルや商業施《し》設《せつ》などと連携《れんけい》して、巨大《きょだい》ゾーンとしてのビルをマネジメントし、中央監視《かんし》のデータを活用し交流を図れる人材が必要となります。

新時代に突入《とつにゅう》し、ビルのメンテナンスが情報システム化し、オープン化し、ネットワーク化していきます。特定メーカーしか使用できなかったクローズドシステムが、他メーカーとの互換《ごかん》性をもち、「いつでも、誰でも、どこでも」できるオープンシステムとなっていく時、ビルメンテナンスの制御《せいぎょ》は、知識と技術と計画性と柔軟《じゅうなん》性と倫理《りんり》まで要請《ようせい》されます。地域をも見つめ、環境《かんきょう》に即した自動制御《せいぎょ》を、人間の側がマニュアル化し、マネジメントしなければ、中央監視《かんし》に呑《の》みこまれ、もしくは疎外《そがい》されます。その波に溶《と》け込《こ》みながら、なお立っていなければならないのが、これからのビルメンテナンスであり、マネジメントです。

Column

ボイラーの資格の変遷《へんせん》

トーマス・ニューコメンの大気圧蒸気機関を改良した、1765年のジェームズ・ワットによる蒸気機関の完成は、全世界の産業革命の進展に寄与《きよ》したといわれています。蒸気が工業用の動力として機械に応用され、鉄道や、日本が一時世界を牽引《けんいん》した綿工業や鉄鋼業のほか、炭坑《たんこう》、軍艦《ぐんかん》、発電所に蒸気機関、特にボイラーは大活躍《だいかつやく》をします。日本最初のボイラーに関する資格は、1932年より府県条例による「機罐士」で、その2年後に「汽缶協会」が発足し、翌年に内務《ないむ》省からの汽罐取締令による「汽罐士（および汽罐取扱《とりあつかい》主任者）」、戦後の1947年制定の労働基準法により、翌年から労働安全衛生規則による「汽罐士」となって、蒸気機関車や炭坑《たんこう》のほか、駐留軍施設《ちゅうりゅうぐんしせつ》のボイラー検査などに従事しました。1959年にボイラ及《およ》び圧力容器安全規則による「ボイラ技士」、1972年には「ボイラ」から「ボイラー」となって、ボイラー及《およ》び圧力容器安全規則による「ボイラー技士」となり現在に至っています。

ミニドキュメント 1　病院で活躍するビルメンテナンススタッフ

病院特有の難しさとやりがいの中で、日々技術をみがいています

ハリマビステム
平良《たいら》一樹《かずき》さん（右）・北《きた》原《はら》来《ら》生《い》さん（左）

メンテナンスの難しい病院という施設《しせつ》

病院は、ビルメンテナンスの現場としてもっとも困難でやりがいのある場所といわれています。ビルメンテナンスの対象となる職場は、オフィスビルから、商業施設《しせつ》、工場、複合施設《しせつ》ビル、乗り物、駅など多岐《たき》にわたりますが、病院はそのなかでもいろいろな面でハードな現場といわれています。

一般《いっぱん》社団法人日本ビルエネルギー総合管理《そうごうかんり》技術協会《ぎじゅつきょうかい》などが、建物の年間用途《ようと》別エネルギー消費量原単位というものを発表しており、これはエネルギー効率の悪さを示すものです。この順位は、常に病院が圧倒的《あっとうてき》な数字による1位であり、2位のデパート・スーパーを大きく引き離《はな》しています。3位がホテルで3大難関現場ともいわれています。そのなかでもトップの数字を示している病院は、さまざまな設備が存在する管理を学ぶ場としての宝庫ということもできます。

その病院という施設《しせつ》のなかでも、全国で34しかない小児専門病院は非常に重要なものですが、子どもを対象とするゆえの難しさも増すことになります。

地方独立行政法人神奈川《かながわ》県立《けんりつ》病院《びょういん》機構《きこう》「神奈川県立こども医療《いりょう》センター」は診療《しんりょう》科が30科ほど設けられ、多岐《たき》にわたって専門化の進んだ病院でもあり、そのため、ビルメンテナンススタッフは、全体で30人近い大きな現場で、泊《と》まりも6名と万全の体制を整えています。

朝はまず、全体ミーティングのあと、さらに「明け」の宿直者とその日の宿直者との引き継《つ》ぎがあり、全体と部分とがしっかりと分かれていて、個別の対応も細分化によりスムーズに行われている現場です。

その重要施設《しせつ》で勤務する先輩後輩《せんぱいこうはい》の若いお2人に登場していただきます。まずは、どういう経緯《けいい》でビルメンテナンスという仕事を選んだのでしょう。

平良「工業高校だったので、高校時代に電気工事士の資格を取ったりしながら、いくつかの職種をめざす中で、ビルメンテナンスという道を知って、ひかれました。沖縄《おきなわ》から就職でこちらにやってきました」

北原「やはり工業系の高校だったので、エレベーターの保守などに興味がありまして、進路指導の中でいろいろな仕事を見ていたら、ビルメンテナンスという職種があることを知って、この仕事にたどり着きました」

病院は、それぞれに独特の注意と用心が必要だといいます。

「病院はさまざまな設備があるので、まず場所を覚えるのが大変ですね。全部で3棟《とう》あって、それぞれに入院患者《かんじゃ》さんがいて、病棟名《びょうとうめい》、各種検査室、手術室、医療《いりょう》事務の事務所や地域連携《れんけい》・家族支援《しえん》局、霊安室、さらには臨床《りんしょう》研究部門や薬剤《やくざい》部、栄養科、ランドリーのほか、もちろん電気室や受水槽《じゅすいそう》、機械室などさまざまな場所と設備を覚えなければなりません。入社時は最初に3月半ばから2週間の合宿研修が行われて同期入社の人との新人研修がなされます。そこで基礎《きそ》知識を座学や現場見学で身につけて各現場に分かれて配属されます。それから1年経ったわけですが、ひと通り覚えたという感じで、まだ細かな部分までは覚え切れていません。時間がどれだけあっても足りないぐらいです」と北原さん。

重篤《じゅうとく》な患者《かんじゃ》さんの場合には、特別なマスクはもちろん、さまざまな予防衣類をつけて病室に入らなければなりません。患者《かんじゃ》さんの食事を作る配膳《はいぜん》部や栄養科と呼ばれる厨房には白衣やキャップが必要で、手術室などはさらにつなぎの防護服のほか靴下《くつした》も履《は》き替《か》えねばなりません。各病院でさまざまな対応をしていますが、手洗いの励行《れいこう》や伝染病予防なども常に念頭に、またインフルエンザ予防注射をはじめ各種の検査・検診《けんしん》も勤務者には課せられます。

平良「機械室のフィルター交換《こうかん》等では作業をするさいに汚《よご》れがついてしまうことがあります。汚《よご》れた状態で病院内を歩くわけにはいかないので、服装《ふくそう》にはかなり気をつかいます。不快感を与えない身なりというだけでなく、

神奈川県立こども医療センター

不衛生にならないよう気をつけています。フィルターを運ぶさいに汚《よご》れをあらかじめ払ったり、袋に入れたり、裏道を通ったりと工夫しています。

　また作業への移動中に、元気のよい活発な子どもたちとすれ違《ちが》うことも多いため、脚立《きゃたつ》や工具を持って歩く時は、細心の注意を払います。どこの現場でもそうですけど、機械室から廊下《ろうか》に出る際に、扉《とびら》を開けてぶつかったりしないかなどは、より慎重になりますね」

　病院には独特の施設があります。すでに多くの現場では別の熱源設備に置きかわっているボイラー設備が多くの病院では今も稼働《かどう》しています。院内の菌《きん》を殺すため蒸気を発生させる必要がありどうしてもボイラーの力を借りねばなりません。ボイラーは40℃程度のお湯で十分なビルならば非効率ですが、１０

0℃以上の蒸気が必要な病院などには好都合というわけです。病院の場合は熱源設備もボイラーのほか、熱交換機《こうかん》、冷温水発生機、ターボ冷凍機《れいとう》、ヒートポンプチラーなどすべてそろっていることがほとんどで、多くの病院では空調設備もセントラル空調から、ファンコイルユニット、パッケージエアコンまでさまざまな組み合わせがなされています。電気設備だけでも、変圧器（動力用と電灯用）、進相コンデンサ、断路器、真空遮《しゃ》断器、避《ひ》雷器、高圧交流負荷開閉器、高圧受電盤《ばん》、低圧電灯盤《ばん》、低圧動力盤《ばん》、分電盤《ばん》、計器用変成器、非常電源用蓄電池《ちくでんち》設備、負荷設備（電動機、照明器具）などといった設備が各キュービクル内に配置されています。消防設備は、入院患者《かんじゃ》など動けない人が多い分だけ、他の施設《しせつ》に比べてより強固です。

独特の言葉にも慣れる必要が……

平良「新人に最初に覚えてもらうのは、病院内の配置もそうですが、仕事で使う工具の名前とそれがどこにあるか、その置いてある場所ですね。あれを取ってきてと指示しても、すぐに持って来られない時には時間をロスします。その上で、さらに手順や注意で抜《ぬ》けている部分があったら指摘《してき》したり、注意して、どうしてそうなのかを理屈《りくつ》から実践《じっせん》を通じて教えていきます。北原さんは、何度もミスするというようなこともなく、ちゃんとやってくれているので、頼《たの》もしいです」

北原「まだ宿直勤務には入っていないのですけど、点検も同じことのくり返しの中で、どんどんとスピードが速くなっていくのが実感できて、作業のスピードも上がっていくのでやりがいを感じています。一人作業は、まず先輩《せんぱい》がついてきて仕事を教えてもらいます。次に自分が実際に仕事を行い指導してもらいます。そこからグレードアップして一人で任されるようになり、さらに、あれをやってきてくれ、と先輩《せんぱい》に頼《たの》まれるのが、今いちばんのやりがいですね」

なにしろ、工具の名称《めいしょう》は、知らない者にとっては連想すらできない独特の呼びかたをします。ウォーターポンププライヤーをカラスと呼んだり、イギリスと呼ばれるモーターレンチ、トイレの詰《つ》まりを解消するゴム製の器具のラバー・カップは、ラバー・スポット、ぽこぽこ、プランジャー、パッコンパッコンなど各現場でいろいろに呼ばれたりしています。水を掃《は》くスクイジーもカッパギと呼ばれています。ハト小屋（屋上に設けられた配管やダクトを囲うための覆《おお》い）やキャットウォーク（点検などのため高所に設けられた細長い通路）、ウマ（高所作業のための足場）など建築用語から借用した独特の用語も飛び交っているのがビルメンテナンスの現場です。

病院には、やはり他の施設《しせつ》にはない特殊《とくしゅ》なものも多数あります。医療《いりょう》機器はもちろんそうですが、車椅子《くるまいす》、ホテル等とは違《ちが》った各種の機器がついたベッド、オーバーテーブル、点滴《てんてき》スタンド、カード式のテレビ、ストレッチャー、リニアと呼ばれる検体等を運ぶ設備、RI（ラジオアイソトープ）設備、リネン庫のほか汚《お》リネン庫があり、セーフティー・ボックス、座式シャワー、酸素ボンベなど扱《あつか》いに注意が必要な設備や器具が多くあります。

ガスも、酸素、液化酸素、窒素《ちっそ》、液化窒素《ちっそ》、亜酸化窒素《ちっそ》（笑気ガス）、二酸化炭素（炭酸ガス）と用途《ようと》別に多くの種類のものが使用されています。

また、子どもの病院ということでさらに配《はい》慮《りょ》を要することがあるといいます。生老病死と、誕生《たんじょう》だけでなく悲しいことも起きるのが病院です。お子さんを連れた親御《おやこ》さんもいて、それらに関しても敏感《びんかん》に意識して対応しなければなりません。

平良「劇的な場面に出くわすということは、実はあまりありません。逆に、できるだけ目立たないようにしているという面もある仕事なので、悲しいことや感動的なことに直接かかわることはありません」

病院が大変といわれるのは、仕事の量やトラブル件数それ自体が多いというのもありますが、やはり人命を預かっているという責任の重さがあるからとのこと。最後に、この仕

指差し呼称する平良さん

事の魅力《みりょく》を聞いてみました。

平良「他の職業に比べて、仕事内容の幅《はば》が広くて、身につくスキルが多くあるということですね。たとえば仕事を覚えたことにより、家で、仮にシャワーが壊《こわ》れたり、トイレの水が溢《あふ》れたりしても、知識と実践《じっせん》をこの現場で身に付けていたならば、家庭内のトラブルのかなりの部分に対処できます。また職業病といいますか、家の中のエアコンの掃除や大工作業など、変に凝《こ》ってしまって作業したりします。あと、配線をいじってみたりもしています。会社に入るまでは、まったく知識がなかったので、そういうことをしようとも思わなかったですね。第二種電気工事士は高校で取りましたが、入社してから、一級ボイラー技士までを取得し、危険物取扱《とりあつかい》者乙《おつ》種第4類、消防設備士乙《おつ》種第7類（漏電《ろうでん》火災警報器）と合格し、現在第三種冷凍《れいとう》機械責任者試験の合格をめざしているという状態です。家でも新しい工具を買ったり、さらに興味が増していって、結果として実用にも役立っています。一石二鳥といいますか、それがプラスといえばプラスといえますね」

北原「この仕事は職人さんなどとは違《ちが》って、何でも幅広《はばひろ》くやる面があります。たとえば他の職で、水道屋さんなら水道屋さんとして、大工さんは大工さん、鳶職《とびしょく》さんなら鳶職《とびしょく》さんとして皆、専門の職人さんですよね。だからそれらの人がビルメンテナンスにやってきても、スペシャリストなだけに、その道に関しては活かせても、その他に関してはなかなか通用しません。オールマイティーが要求される分だけ、この業界に若いうちに入ったほうが、有利だと思いました」

また若いうちにビルメンテナンス業界に入ると、電気や水など各分野のなかで、「この分野が自分には合うな」というものが見つかる場合があるようです。

同時に、たとえ転職をしても、また戻《もど》ってくるということも可能な業界です。いくつかの現場をもつ多くのビルメンテナンス会社は、同じ場所に留まってそこの主になるよりは、たくさんの現場を経験させる方向になって来ています。多くの現場を経験してどこででも通用するということが、真の実力ということになります。一作業員の段階を超《こ》えて、ひとつの現場に留まらずつぎの現場でステップアップするという形によって、現場の長となっていきます。

若い人が、実力を各所で積み上げていって、また同じところに戻《もど》ってくるという場合もあります。総合的な力での「名人」となって帰ってくる。そこだけの特殊《とくしゅ》な実力者はもはや求められておらず、ビルメンテナンスの世界も、転換《てんかん》期に入ってきているのかもしれません。新時代を予感させる先輩後輩《せんぱいこうはい》の明るい2人の名コンビぶりが、とても爽《さわ》やかでした。

ミニドキュメント 2 女性勤務の未来を切り拓くビルメンテナンススタッフ

チーム全員で乗り切った時、やりがいを感じます

三井《みつい》不動産《ふどうさん》ファシリティーズSCマネジメント部ららぽーと富士見《ふじみ》 設備管理《せつびかんり》スタッフ
清水《しみず》佐《さ》乃里《おり》さん

まったく知らない世界

ビルメンテナンスという仕事について、内容をまったく知らなかったという清水佐乃里さん。いろいろな業界の入社試験を受けているうちに、体を動かす仕事や人と接する仕事に興味をもち、内容も楽しそうだなと思い決めたといいます。

「ビルメンテナンスというと一般的《いっぱんてき》に男の人の仕事というイメージがあるのですが、入社時に、現場について聞くことのできる面接（説明）会があって、人事部の女性の方がいらしたんです。その方が、『女性は人数が少ない分だけ、活躍《かつやく》の場があり、やりがいがあって楽しいよ』という話をしてくださいました。それならばひとつがんばってみようかなとその気になりました。職業として、ちょっとめずらしいのもいいなあと思いましたし、女性独特のソフトな対応が重宝される多くの場面があるということで、その可能性に挑戦《ちょうせん》してみようと思いました」

商業施設《しせつ》は、ビルメンテナンスのなかでもとても忙《いそが》しく大変な現場のひとつといわれています。しかも２０１５年４月にオープンした注目の巨大施設《きょだいしせつ》「三井ショッピングパークららぽーと富士見」に配属。新卒の清水さんには、はじめから大変な船出となりました。

「入社してはじめの２カ月間は、建物の基礎《きそ》知識に関する座学の研修があります。その後、いくつかの施設《しせつ》を回って実践的《じっせん》に電気・衛生に関する研修もしました。配属された『ららぽーと富士見』が他の施設《しせつ》と比べて大きく違《ちが》う点は、横に距離《きょり》が長く広大な面積を管理しなくてはいけないという点です。駐車場《ちゅうしゃ》も平面が多くて設備員として一日に移動する歩行距離《きょり》が他の施設《しせつ》よりも格段に多いと感じました。異常警報が発報すると、遠いところでは、現場まで１００メートル以上全力で走って確認することになります。そういった環境《かんきょう》での作業なので、縦に長い高層ビルとは、だいぶ勝手が違《ちが》うと思います」

建設会社系列など大手のビルメンテナンス会社の多くは、入社後３カ月程度の研修制度があり、建物の基礎《きそ》知識のほかにいくつかの建物を経験するといった内容で行われています。昔《むかし》のようにその施設《しせつ》独特の、特殊《とくしゅ》で面倒《めんどう》な作業をこなす実力も必要ですが、現在では、オールマイティーな力が求められており、ボイラーや電気だけといった施設《しせつ》に特化した人員配置は、減る傾向《けいこう》にあります。

ららぽーと富士見は〝人が集まる〟から〝人が交流する〟をスローガンにした、これまでにないスタイルのショッピングモールで、東京ドーム3個分で店舗《てんぽ》面積約13万平方メートルの施設《しせつ》内には公園のほか、ランニングコースやバーベキュー広場もあり、293店舗《てんぽ》に2000人以上の従業員が従事しています。

不特定多数のお客さんが常にやって来る

「商業施設《しせつ》は、0歳《さい》の赤ちゃんから100歳《さい》以上のお年寄りの方までさまざまなお客さまがいらっしゃいます。また、施設で働くテナント従業員の方たちも施設《しせつ》にとってはお客さまです。商業施設《しせつ》はこの点においてはビルメンテナンスといっても、サービス業という側面が強いですね。お客さまやテナントとのふれあいを通して施設《しせつ》を楽しんでいただきたいですね」

ポップジェットのある水と憩《いこ》いの広場や、幼児向けの玩具《がんぐ》が設置されたキッズコーナーのほか、フードコートにもキッズゾーンがあります。学ぶ未来の遊園地や、ミニ鉄道が走る鉄道広場、サッカースクールも定期開催《かいさい》されるフットサルコートなど盛《も》りだくさんの施《し》設《せつ》で充実《じゅうじつ》しています。

「お子さま連れの来館者が多く、つまずいて転ばないようにとか、迷子に気を配ったり、お子さま目線の高さのポップや表示板を掲示《けいじ》するなど、細かい配慮《はいりょ》が多く必要な施設《しせつ》であることを気に留めて仕事をしています」

やはり女性ならではの視点が活かされています。女性や子どもの割合が多いという来館者に対しては、ソフトな対応ができ、職場においては、社内の雰囲気《ふんいき》を和らげることにも

横に広いららぽーと富士見

貢献《こうけん》しています。

かつてのビルメンテナンスは男性ばかりの職場で、ボイラーを扱《あつか》うのがビルメンテナンスの仕事という時代がありました。火を使うのは危険なので、そこには女性を入れてはいけない、また、「火の神様が怒《おこ》る」などというわれ方もしていて、「ボイラー技士」の試験は、女性に受験資格すらない時代がありました。

ここ「ららぽーと富士見」にはボイラーはありませんが、まったく危険がないわけではありません。電気室などで誤《あやま》ってケーブルや端子《たんし》に触《さわ》ってしまえば高圧電気によって感電してしまいます。むしろ、用心深さや冷静な注意力をもつ女性のほうが適している面もあります。

現在では空調設備・電気の機器類等、すべ

てがコンピュータで制御《せいぎょ》されているものばかりになっています。このため、故障や不具合の対応に関しては高度な技術や精密部品が必要で、ビルメンテナンス会社の社員が修理できる範囲《はんい》が限られてきています。従って、設備の仕事も、故障等に対して直接に手を出して直すのではなく、故障や不具合等への対応は、まずはテナントやお客さまのためにできることを実施《じっし》する、原因や対応を説明する「一次対応」が重要となってきています。

一次対応は「安全と安心を確保」することが主で、本格的な修理等は専門会社の技術者に依頼《いらい》するといった流れが多くなってきています。このような仕事は女性でも十分活躍《かつやく》できるものです。

三井不動産ファシリティーズでも10年ほど前から女性を採用しており、この現場では設備で2人、警備では多くの人数の女性が在籍《ざいせき》しています。

ららぽーと富士見では、女性も男性と同様「泊まり（24時間勤務）」があるといいます。

「ここは2人泊《と》まり現場です。もちろん男女は別々の部屋ですが（笑）。夜に警報が鳴る時もありますから仮眠《かみん》になりますね。空調などで少しでも変な動きがあると、中央監視《かんし》で警報が上がるようにできていますから、よく発報しますよ。今までビルメンテナンスという仕事に女性が多くなかったのは、力仕事や汚《よご》れ仕事が多いというイメージも理由だと思います。ほかには、一日中作業衣を着ているので、それが嫌《いや》だという女性は多いと思います。男性向けのカッコ悪い作業衣が多かったというのもあるかもしれませんね（笑）。この制服は気に入っています。清潔なイメージを前面に出している制服だと思っています」

さまざまな設備の異常による警報はつき物のようです。消防設備は煙《けむり》を感知すれば発報しますし、汚水槽《おすいそう》、湧水槽《ゆうすいそう》なども、フロート弁（ボールタップ等）や電極棒が水位の異常を敏感にキャッチして、よく反応するようにできています。設備自体が危険をあらかじめ多く知らせるようにできているゆえの警報でもあり、これらすべてに対応しなければならないビルメンテナンススタッフは、常に警報の発報に備え準備をしなくてはいけない、大事な仕事です。

勤務体制は、月に6、7日の泊《と》まりで、午前9時から翌朝9時までということです。その途中《とちゅう》に日勤が数回入るシフトになっています。早番と遅番《おそばん》があり、9～17時半と11～19時半までの2通りです。泊《と》まりの必要のない現場以外は、多くのビルメンテナンス会社が、このシフトを採用しています。所属長が日勤で、一部の者が「24時間」というローテーションで、「当直」「明け」「休み」「日勤」のパターンが、今最も増えてきている形態です。その場合は1人泊《と》まりで最低4人、2人泊《と》まりで最低8人、3人泊《と》まりで最低12人となっています。

商業施設《しせつ》の特質

「午前9時から全体朝礼が始まります。設備・警備・清掃《せいそう》・廃棄《はいき》物管理など、その日の勤務者全員が集まり始めます。約30人です。最初に「挨拶《あいさつ》唱和」といって、みんなでいっしょにあいさつをし、身だしなみの点検などをします。お客さまと接する機会の多い現場なので、常に「施設《しせつ》の代表」といった意識をもっていることが重要です。全体朝礼が終わると、設備のみの申し送りをします。引き継《つ》ぎ事項《じこう》とその日の予定の確認、そして今後の直近の予定を確認し、午前中は高圧の変電設備などの機器の点検に行きます。昼食を取り、午後はドアチェックの修理などの対応、メーター検針や水光熱計算などを行います。買い物に来るお客さまのほか、テナントのお店の人たちともうまくコミュニケーションを図らなければなりません。クレームやトラブル対応もありますし、夜は夜で、店内の管球交換《こうかん》もそうですが、消防設備の点検など、閉館後の夜しかできない作業をします」

レストランは22時閉店、レストラン以外でも21時閉店と、かなり遅《おそ》くまでの営業で、飲食店の場合は、さらに後片付けの時間が加わります。そのあとに「夜しかできない作業」をするわけで、やはり大変です。そのほかにも商業施設《しせつ》独特の大変さもあるといいます。

「こういった商業施設《しせつ》特有なのですが、テナントである店舗《てんぽ》の入れ替《か》わりが多く、設備担当が施設《しせつ》側で管理している電気やガスのメーターを読《よ》み、退店時にはその日までの金額を請求します。ミスがあると後々大きな問題となりますので、メーターの写真を撮《と》ったりします。メーター対応以外にも店舗《てんぽ》を壊《こわ》して作り替《か》えるので、当然工事業者との打ち合わせや立ち会い等の仕事があり、オフィスビルの事務所テナントの入れ替《か》えと違《ちが》い、かなり煩《はん》雑《ざつ》です。

また、大きな施設《しせつ》なので、近年の気候変動による台風や大雪などの自然災害の影響《えいきょう》を少なからず受けるんです。設備の不具合もそうですが、雪が降れば、警備担当者や清掃《せいそう》担当者と協力して施設《しせつ》内の雪かきをします。ここは横に広い施設《しせつ》なので大変です。台風の時も、台風が来る前の点検、事前準備、施設《しせつ》内の備品などが飛ばされないようにしばりつける、看板など外に出ている物を全部片付けるなどの作業をした上、万が一に漏水《ろうすい》などが発生した場合、迅速《じんそく》に対応します。

屋上の設備対応は移動距離《きょり》も長く、夏は暑くて汗だくになります。マンホールの蓋《ふた》を開けたり、重い機材や資材を持って館内を歩き回ったりと体力が必要です。また警報が鳴ったら、現場まで走って向かうのですが、防災センターから正面入り口まで、500メートルくらいの距離《きょり》を、数分で駆《か》けつけなければなりません。階段を駆《か》け上ったり、ふだんの点検でも、歩く距離《きょり》がとても長い現場ですね」

現在、そして未来

入社前のイメージでは、設備管理という仕事は、椅子《いす》に座って画面を見ながら、一日動かないような状態を想像していたといいます。

「ところが全然違《ちが》っていて、各人がいろいろな作業をしつつ、日ごとに違《ちが》う対応があって、その時にしか起きない緊急《きんきゅう》対応や、テナントからのさまざまな要望への対処、忙《いそが》しい時はほぼ全員が出払ってしまうこともあります。じっとしている状態の現場というイメージとは違《ちが》っていましたね。地震《じしん》や火災、停電の対応訓練を日々しているので、他の仕事に従事する以上に、大地震《だいじしん》のさいの避難誘導《ひなんゆうどう》などを考えながら仕事をしなければいけないという強い責任を絶えず意識している点が、ビルメ

中央監視室での清水さん

ンテナンスの仕事の特徴《とくちょう》かなと思っています」

現在目標としていることは、まず、資格の取得だという清水さん。

「ビルメンテナンスに関する資格はひとつももっていませんでしたので、入社以来、上級救命、防災センター要員、自衛消防技術の3つを取り、そのあとに二級ボイラー技士、サービス介助士《かいじょし》を取って、つぎに、取らなければならないのが電気工事士で、今勉強中です」

そして将来の目標は、一人前の設備員となること。

「三井不動産ファシリティーズでは〝ブラザー・シスター〟という教育制度があるのですが、その〝ブラザー〟となっているよき先輩《せんぱい》たちがいまして、その人たちのようになりたいというのが目標です。知識もあり、臨機応変にいろいろなことができて、社会人としての振《ふ》る舞《まい》いもすばらしく、少しでも近づきたいと思っています。今の私は質問をするばかりですがそういった質問事項にスムーズに答えながら、自分で判断して対処できるようになることが目標です」

これからビルメンテナンスをめざす人には、「設備の仕事は、一人で何かをするというものではなく、チーム全員で対応方法を考えたり話し合いをして対処します。台風や雷《かみなり》の時には、全員いっせいに、無線で連絡《れんらく》を取り合いながらいろいろな箇所《かしょ》の点検をするのですけど、乗り切った時、無事に終わった時に、すごくやりがいを感じます。確かにタイトに協力し合って作業をするのは大変です。一次対応では、判断とメーカーや協力会社の方が来てくれるまでの時間との勝負で、お客さまは待ってはくれません。手分けして乗り切るには手順や信頼《しんらい》関係など厳しさもあります。お客さまに尋《たず》ねられて、これについてはわかりませんとは言えないため、広い知識をもたなければいけない、という大変さはあります。しかし、先輩《せんぱい》たちが何をするか。またその判断を見て、いっしょにくり返し経験していく中で、みずからも成長していけます」そのことが楽しいと清水さん。

「今、私は防災班長なので、消防設備など防災関係全般《ぜんぱん》の担当ですが、電気工事士試験の勉強も含《ふく》めて、どの分野も、おもしろいし好きですね。いい仕事だと思っています」

商業施設《しせつ》における女性設備員は、女性客や子ども客にとって、威圧《いあつ》感が少ない点や、細かい配慮《はいりょ》、ソフトでスムーズな対応ができるなど、その存在自体が心強く、優しく感じられるので、施設《しせつ》に対するイメージも変えてきています。商業施設《しせつ》以外のビルでも、女性ビルメンテナンススタッフは、力を発揮しています。清水さんからは、そのもっとも成長している瞬間《しゅんかん》、その現場を目撃《もくげき》しているようなまばゆさと頼《たの》もしさを感じました。

Column

映画に登場したビルメンテナンス

ビルメンテナンスという職種は、戦後すぐに始まったにもかかわらず、平成に入ってもなお、ほとんど世間には知られていませんでした。2章で取材させていただいた清水佐乃里さんのように平成生まれの、特に女性にとっては、かつての「ビルメンテナンス」という仕事のイメージは、よりわからない世界でありましょう。この業界がはじめて広く知られたのは、寅《とら》さん（『男はつらいよ』）シリーズでおなじみの山田洋次《やまだようじ》監督が撮《と》った『学校Ⅲ』という映画からです。

まだ清水さんが小学校に上がる前に公開された、ビルメンテナンススタッフをめざす学校の様子を描いた作品です。それは1998年10月の公開でした。この2カ月前の8月に、『釣《つ》りバカ日誌《にっし》10』（以下『10』）という映画が公開され、実は、そこにビルメンテナンスという仕事がいち早く現れています。『10』は、『学校Ⅲ』と同じ山田洋次監督《かんとく》が脚本《きゃくほん》を書いていて（監督《かんとく》は栗山富夫《くりやまとみお》）、おそらく『学校Ⅲ』の取材中に、ビルメンテナンスを、こちらの作品でも題材として使ってみたくなったのでしょう。

その『10』ですが、シリーズのいつもの例によって、深刻な問題はほとんど省いたライトコメディーです。

大きな会社の社長と平社員が、プライベートにおいては釣《つ》り仲間で、むしろ平社員のほうが釣《つ》りにおいて、師匠《ししょう》の役割を果たし、社長は弟子のような存在となってしまうというもので、裏の世界の逆転と人生や幸福の皮肉を少々描《えが》いています。

『10』においては、この社長が、仕事に嫌気《いやけ》をさして、社長を辞め、会社を飛び出してしまいます。そして社長は、新聞の求人広告で仕事を見つけます。それが、ビルメンテナンスの会社でした。再就職し、早速とあるビルへ派遣《はけん》として向かっていきます。その派遣《はけん》先の会社こそ、なんと自分が社長をしていた会社でした。これは困った。さて、どうしようか、という喜劇です。

ただ、この社長役を毎回演じるのは名優三國連太郎《みくにれんたろう》で、この時75歳《さい》、しかもそのままの年代を演じていて、これがしっくりと来るというのが、この時代までのビルメンテナンスのイメージでした。そんな高年齢《こうねんれい》にして、素性を隠《かく》しても就職できる世界。象徴《しょうちょう》的でした。

とはいえ、中高年の再就職先として「そういう仕事」があるのだ、という程度の日本映画初登場の仕方ではありました。

しかし、『学校Ⅲ』は、この当時までのビルメンテナンスの姿が、リアルにしっかりと描《えが》かれていました。かつて「ビル管理」と言われていた時代の、トータルなイメージがそのままよくドキュメントされていて、記録映画としても、貴重です。ビルメンテナンスが語り継《つ》がれるだけで「画」が存在しないで歴史が流れて来た、そのいちばん知りたい部分が映り込《こ》んでいる作品であり、ビルメンテナンス初期の形であると言えます。

主人公は、東京の職業訓練校のビル管理科に通う生徒たちです。

彼《かれ》らが訓練校で授業を受け、ボイラー技士などの資格取得をめざし、就職し、それから先のさまざまな未来の予感というそのとば口までを描《えが》いています。

自閉症の子をもち、失業《しつぎょう》によって、訓練校で再就職をめざすシングルマザーに大竹《おおたけ》しのぶ。

「この年齢《ねんれい》になって、見てくれの良い仕事なんて望んでいません。せめて息子と二人暮《く》らしていけるだけの賃金が欲しいんです」

大竹しのぶは、これまでもこれ以後もたくさんのすばらしい演技をしてきました。しかし派手さがなく、こういうささやかな役こそが難しいわけで、これはビルメンテナンスという仕事にも一脈通じるものです。

リストラに遭《あ》って、渋々《しぶしぶ》と学校に通う元エリートサラリーマンに小林稔侍《こばやしねんじ》。

板金関係の工場の元経営者で、ビル管理科クラスのまとめ役的な存在に田中邦衛《たなかくにえ》。

訓練校に通う前は、スナックを経営していたケーシー高峰《たかみね》。

かつては電気製品の小売店をやっていた、ボイラーの仕組みなどに詳しい笹野高史《ささのたかし》。

ビル管理科の講師に、寺田農《てらだみのり》などが配役され、学校の職員役はさだまさしが演じている。

格差社会や高齢《こうれい》化、中年同士の恋や友情など、ビルメンテナンス世界が抱えていた背景や問題、20年後の今にも通じる切実な職業意識が描《えが》き込《こ》まれていて、その後、現在に至るまでの業界のチャレンジや、可能性への転換《てんかん》、女性や若い人材が増え、過渡期《かとき》を迎《むか》えつつある今、多くの感慨《かんがい》を持って迎《むか》えられる重量級の職業映画です。

パソコンのデスクトップ型が今と比べると巨大《きょだい》であることや、床掃除《ゆかそうじ》を水でモップ掛けする姿など、20年経って観ると、少し古さも感じますが、その指《し》摘《てき》する問題自体はいささかも古くなく、核心《かくしん》はむしろ真に迫《せま》るものがあります。

自閉症《しょう》の息子が失敗をして、母である大竹しのぶが、心ない言葉で非難されるシーンがあります。その時彼女は、こう呟《つぶや》きます。

「どうしてあんな言い方をするんだろう。まるで世の中に、この子がいたら迷惑みたいな言い方……」

これは、会社からリストラされ、あるいは工場その他の地域社会から弾《はじ》き飛ばされ、訓練校に通うみなにとっても当てはまるかのような、突《つ》き刺《さ》さる言葉です。

大竹しのぶが、講師の寺田農から「幸せになってください」と修了証書を手渡《てわた》される場面では涙《なみだ》を禁じ得ません。

それぞれの場所で、きつい言葉を受けて、欲求不満と我慢《がまん》の限界を、かろうじて仲間と過ごす年齢《ねんれい》を重ねてからの勉強の中で、つらい体験を、社会的な形に昇華《しょうか》させ高めていった姿に対して、作り手ががんばれ、がんばれと応援歌《おうえんか》として称《たた》えています。

幸せなんて小さくても良い。いや、むしろ小さいほうが良い。

人生を味わう作品です。就職する人のみんなに観てほしい作品です。

もっと言うと、「生きることは生活することだけではないけれど、食べていけなければ生きていけない」という普遍《ふへん》的《てき》なテーマに向き合っていて、幸せとは何か、誇《ほこ》りとは何かといういちばん厳しい問題を逃《に》げずに描《えが》いていて、仕事をするということの縮図がここにはあります。

筆者の蛇足《だそく》的な願いではありますが、本書の読者にもぜひ観てもらいたい格好の参考書です。

ただ今後は、もっと別の形の、ビルメンテナンスヒーロー（ヒロイン）が、新たなイメージで生れる予感を筆者はもっています。

清水さんを含《ふく》め、インタビューした人たちみんなに出会うたびに、そんな夢《ゆめ》を抱《いだ》かせる光明が差し込《こ》んできた感触《かんしょく》を覚えました。

その始まりから、弱さと悲しさ、優しさをあらかじめ知っている職種であり、ビルの中の「縁《えん》の下の力持ち」と、みなさん謙遜《けんそん》しますが、地域をも背負っての責任感と強いプロ意識の、地味ながらカッコいい仕事で、そこには圧倒《あっとう》的な未知の楽しさを秘めている、そんなどのようにも展開できる、潜在《せんざい》能力と展望のある世界に思われます。

日常点検、定期点検、年次点検、そして修繕の積み重ね

ビルメンテナンススタッフの仕事

あらためて、ビルメンテナンスとは何かから話を始めます。

「はじめに」で、ビルメンテナンスとは、まず「ビルの維持管理《いじかんり》」のことだと書きました。それは「付属設備の運転保守及《およ》び清掃《せいそう》警備等の管理業務や施設《しせつ》整備効率の助言など」も含《ふく》まれてきます。これがすなわちビルメンテナンスの仕事です。

維持《いじ》管理とは、大きく言うと「点検」と「修繕《しゅうぜん》」です。

点検は、毎日1、2回の日常点検、定期点検、臨時点検、さまざまな検査や測定を含《ふく》み、特に日常の細かい点検が、まず基本の重要な仕事といえます。

〈点検〉

●日常点検

日常点検は、設備自体の有無にもよりますし、場所によってそれぞれ違《ちが》います。いわゆる目視などによる「点検」は、異音、異臭、加熱、漏水《ろうすい》、蒸気漏《も》れ、ガス漏《も》れ、油漏《も》れ、異常振動《しんどう》、腐食《ふしょく》、汚《よご》れなどを目や耳、鼻、時に第六感（いつもと違《ちが》う）でかぎ分けなければなりません。水量・電力・圧力メーターなどの「検針」も、電灯や動力はもちろん、中央監視盤《かんしばん》表示及《およ》び現地各機器の運転状態をしっかり見ます。温度・残留塩素などの「測定」はもちろん、ボイラーがあれば、ボイラー水のｐＨ度や軟水《なんすい》機の水の各種濃度《のうど》など「測定」は、より多くなります。

●巡回《じゅんかい》点検

巡回《じゅんかい》点検（備品の有無、作動確認、照明消灯、施錠・解錠や鍵のチェックなどを含む）や空調機のエアフィルター清掃、グリストラップ清掃《せいそう》、側溝《そっこう》の貫《かん》ツール作業といった清掃《せいそう》や警備を兼務《けんむ》する現場も多くあります。検針記録など提出書類を記載《きさい》し、日誌など提出または残す事務作業も重要です。

●空気環境《かんきょう》測定

定期点検にもさまざまありますが、「建築物における衛生的環境《かんきょう》の確保に関する法律

図表1 空気環境測定の項目と基準

1	浮遊粉じんの量	空気1 m^3につき0.15mg 以下
2	一酸化炭素の含有率	100万分の10以下（10ppm 以下）
3	二酸化炭素の含有率	100万分の1000以下（1000ppm 以下）
4	温度	1)17℃以上28℃以下　2)居室における温度を外気より低くする場合は、その差を著しくしないこと
5	相対湿度	40%以上70%以下
6	気流	1秒間につき0.5m 以下
以上は、2カ月以内ごとに1回、定期に測定。		
7	ホルムアルデヒドの量	空気1 m^3につき0.1mg 以下（=0.08ppm 以下）

（建築物衛生法）」によって、空気環境《かんきょう》測定があります。

空気環境《かんきょう》測定では、浮遊《ふゆう》粉じん、一酸化炭素、二酸化炭素、温度、湿度《しつど》、気流の6つの管理項目《こうもく》について、2カ月に1回の測定が義務づけられています。さらに、空気調和設備（112ページ参照）を設けている全ての居室は、この6項目《こうもく》に加え、ホルムアルデヒドの測定も加わりました（図表1）。

建築物衛生法では空気環境《かんきょう》測定のほか、飲料水検査、害虫駆除《くじょ》、貯水槽《そうせいそう》清掃が義務づけられています。

上は、空気環境《かんきょう》測定6項目で、厚生労働《こうせいろうどう》大臣が定める「空気調和設備等の維持《いじ》管理及び清掃《せいそう》等に係る技術上の基準」を表にしたものです。ホルムアルデヒドについては「新築、増築、大規模の修繕《しゅうぜん》又《また》は大規模の模様替《が》えを完了《かんりょう》し、その使用を開始した時点から直近の6月1日から9月30日までのあいだに

1回」を厚生労働省の指定する測定器（9社16種類）によって行います。これらの測定には、空気環境《かんきょう》測定実施《じっし》者の資格取得が必要です。

●水質基準の維持《いじ》

空気同様に、水も検査が必要です。飲料水の水質基準は、水道法に基づく水質基準に関する省令によって定められています。以前は50項目でした。1番目の「一般細菌《きん》」（1ミリリットルの検水で形成される集落*数が100以下）、2番目の「大腸菌《きん》」（検出されないこと）に始まり、49番目の「色度」（5度以下）、50番目の「濁度」（2度以下）までしたが、2014年に、新たに「亜硝酸態窒素《あしょうさんたいちっそ》」（1リットル当たり0・04ミリグラム以下）の項目《こうもく》が追加され、51項目《こうもく》の基準値が示されています。基準に従って維持《いじ》努力する義務が課せられています。

以上の日常点検、定期検査、日常巡回《じゅんかい》、日常清掃《せいそう》、そして設備機器の定期運転、定期整備。これが主な点検業務です。

〈修繕《しゅうぜん》〉

そして「点検」がルーティンワークとすると、イレギュラーですが、突発《とっぱつ》的事故も含《ふく》めて必ずある日常業務が「修繕《しゅうぜん》」です。

ビルはつくる時には、計画する人（建築主）、設計する人（建築設計と設備設計）、建て

＊集落　コロニーとも言われ、微生物や菌類を培養した時に培地に目で見える集まりのこと

る人（準備工事、地下掘削《くっさく》、地下基礎《きそ》工事、地下と地上の躯体《くたい》工事など）、内装《ないそう》、外装《がいそう》、仕上げ、外構、植栽《しょくさい》など多くの段階があり、その後もメンテナンス（維持《いじ》管理）する人が必要となります。建物のライフサイクルコスト（人の一生にたとえて、そこにかかる費用）は、イニシャルコスト以上にランニングコストのほうが、はるかにかかります。つまり、初期の建設費用にその後の設備投資を加えても、それ以上に費用のかかるのが光熱費やリニューアル費、点検から大規模修繕《しゅうぜん》までをも含《ふく》めたメンテナンス費です。特にメンテナンスによって省エネルギー化と光熱費の削減《さくげん》、リニューアルの延期も図れることを考えると、その重要さは計りしれません。

人の場合でも、けが防止、災害対策、老化《ろうか》や衰退《すいたい》の抑止《よくし》や生活習慣病を防ぐための食事制限などをします。そのもととなる病気や疲労《ひろう》、負傷、老化を、建物の場合は、「劣化《れっか》」または「損傷」といいます。

「劣化《れっか》」には、経年劣化《れっか》（物理的寿命《じゅみょう》）、消耗《しょうもう》（著しい劣化《れっか》）、腐食《ふしょく》、遅れ破壊《はかい》、摩耗《まもう》（長期使用に起因する損傷）、費消（資材・資源を使い果たす）があり、みずから起きるもので、人でいうと暴飲暴食や不眠《ふみん》不休などによる健康悪化ともいえます。「損傷」とは災害などによる外部的要因によるものです。

『建築物修繕措置《しゅうぜんそち》判定手法』（建設大臣官房《かんぼう》官庁営繕《えいぜん》部監修《かんしゅう》）によると、劣化《れっか》とは、〈物理的、化学的及《およ》び生物的要因により、ものの性能が低下すること、ただし地震《じしん》や火災等の災害によるものを除く〉となります。

「建築保全業務共通仕様書」（国土交通《こくどこうつう》省大臣官房《かんぼう》官庁営繕《えいぜん》部）によれば、〈建築物の全体又《また》は各部材が、当初の性能・機能の状態から低減していくこと〉となります。

図表2は、建物及《およ》び設備の法定耐用《たいよう》年数です。

法定耐用《たいよう》年数とは、固定資産にかかる減価償却費を算出するために設定されたものであり、本来の耐用《たいよう》年数からすると、かなり短めに見積もられています。映画フィルムの場合は2年のところ、実際には100年もっているわけで、建築においても多くの場合に、寿《じゅ》命《みょう》は、メンテナンスによって法定耐用《たいよう》年数の少なくとも倍以上には確実に伸ばせるようです。鉄骨・鉄筋の超《ちょう》高層ビルでも100年以上耐《た》えうるであろうともいわれています。

また「いつつくられたのか」によっても耐用《たいよう》年数は変わります。

たとえばエレベーターの法定耐用《たいよう》年数は17年ですが、計画耐用《たいよう》年数は25年です。それもいつの製品なのかによって、耐用《たいよう》年数が違《ちが》います。耐震《たいしん》基準がつぎつぎと変更《へんこう》され、地震《じしん》対策はもちろん、より厳しくバリアフリー、環境《かんきょう》などに配慮《はいりょ》したものが要求されています。

エレベーターにとって、「最初の」といえる耐震《たいしん》基準は、1950年の建築基準法によるもので、つぎに1968年の十勝沖地震《とかちおきじしん》を受けて見直され、建築基準法施行《しこう》令の構造規

図表2 財務省令に定める（国税に基づく）減価償却資産の耐用年数

建築物	
50年	鉄骨・鉄筋コンクリート造り（事務所）または鉄筋コンクリート造り（事務所）
41年	レンガ造り・石造り・ブロック造り
38年	金属造り（骨格材の肉厚4ミリ超）
30年	金属造り（骨格材の肉厚3～4ミリ）
24年	木造
22年	金属造り（骨格材の肉厚3ミリ以下）、木骨モルタル造り
建築附属設備・建築物以外の設備	
50年	下水道下水管きょ、下水道処理設備
30年	特別高圧受変電設備、配電盤、分電盤
20年	高圧受変電システム、電線類、下水道ポンプ設備
17年	エレベーター
15年	蓄電池電源以外の電源設備、給排水・衛生設備、ガス設備、「冷凍機が出力22キロワット以下」以外の冷暖房・ボイラー設備、エスカレーター、金属製のアーケード・日よけ、舗装道路路面（コンクリート・ブロック・レンガ敷き）、防火用排水用ポンプ
13年	「冷凍機が出力22キロワット以下」の冷暖房設備
12年	エヤーカーテン・ドアー自動開閉設備
10年	舗装道路路面（アスファルト・木レンガ敷き）、中央監視制御装置、水質測定装置、高圧ヒューズ、
9年	遠方監視装置
8年	消火・排煙・災害報知設備、金属製以外のアーケード・日よけ、顕微鏡
6年	蓄電池電源設備、電話通信設備、冷蔵庫、洗濯機、インターホン
5年	テレビ・ラジオ、カメラ、モニター、映写機、複写機、望遠鏡、自動販売機、楽器
3年	可動間仕切り、カーテン、座布団、寝具、じゅうたん（小売業用など）、スポーツ具
器具及び備品	
2年	映画フィルム（スライドを含む）、磁気テープ及びレコード

定（「改正旧耐震《たいしん》基準」）が１９７１年に改正されました。さらに１９７８年の宮城県《みやぎけん》沖地《おきじ》震《しん》を契機《けいき》に、１９８１年改正（「新耐震《たいしん》設計基準」）、１９９５年の阪神《はんしん》・淡路大震災《あわじだいしんさい》を受けて、１９９８年に改正「昇降《しょうこう》機耐震《たいしん》設計・施工《せこう》指針」が示され、２００５年の耐震偽装《たいしんぎそう》問題によって、２００７年以降の建築がより厳しい審査となり、エレベーターもまた、２００９年「昇降《しょうこう》機耐震《たいしん》設計・施工《せこう》指針」が見直され、東日本大震災《ひがしにほんだいしんさい》以後の２０１４年には、新たな耐震《たいしん》告示がなされました。

１９７１年までの基準でつくられたものと、１９８１年までのもの、それ以降のものでは、同じビルのエレベーターでも耐用《たいよう》年数が違《ちが》います。

エレベーターに限らず、ビル設備の耐用《たいよう》年数をいかに維持《いじ》管理するか。この時間経過による「劣化《れっか》」、そして著しい劣化《れっか》であるところの「消耗《しょうもう》」、さらには使用や予想しうる毀損《きそん》行為《こうい》の積み重ねによる「摩耗《まもう》」及《およ》び「費消」に対してどう対応をするかという問題がビルメンテナンスの仕事といえます。

メンテナンスとは、人でいうと、どう健康を維持《いじ》させ、寿命《じゅみょう》を全うさせるかということです。

●修繕《しゅうぜん》の段階

修繕《しゅうぜん》は段階によってさまざまな方法があり、目的別に複数を組み合わせて活用します。

解決が難しい場合にのみ専門業者に依頼《いらい》します。とにかく悪戦苦闘《くとう》、あらゆる方法で対応を「やってみる」のがビルメンテナンスの世界です。では、以下それぞれを解説します。

1　「点検」＝建築物などの機能及《およ》び劣化《れっか》の状態を調べ、異常または劣化《れっか》がある場合、必要に応じ対応措置《そち》を判断することを含《ふく》む。

2　「予防保全」＝日常や定期に行われる点検によって建物や建築設備の機能や性能を常に把握《はあく》し、劣化《れっか》の有無や兆候《ちょうこう》（些細《ささい》な異常など）を可能な限り、確認または予測する。

3　「維持《いじ》保全」＝建築物（設備含む）及《およ》び諸施設《しょしせつ》など対象物の全体または部分の機能及び性能を使用目的に適合するよう維持《いじ》する。部分修繕《しゅうぜん》（初期の状態あるいは実用上支障のない状態まで回復させる）を含《ふく》む。

4　「改良保全」＝建築物（設備含む）及《およ》び諸施設《しょしせつ》などの対象物の全体または部分を使用目的に適合するよう初期の機能及《およ》び性能を上回って改良する。

5　「事後保全」＝異常や故障が発生、または確認された段階で、はじめて修繕《しゅうぜん》などを実施《じっし》する。

6　「清掃《せいそう》」＝快適な環境《かんきょう》を保つため、汚《よご》れを予防または除去すること。

7　「保守」＝建築物等の必要とする性能・機能を維持《いじ》する目的で行う軽微《けいび》な作業（消《しょう》

耗《もう》部品等の取《と》り替《か》え、注油、汚《よご》れ等の除去、部品の調整など）。
8 「交換《こうかん》」＝部材、部品、油脂《ゆし》などを取り替《か》えること。
9 「運転・監視《かんし》」＝設備機器を稼働《かどう》させ、その状況《じょうきょう》を監視《かんし》及《およ》び制御《せいぎょ》すること。
10 「分解整備（オーバーホール）」＝機器を定期的または必要に応じ分解し、劣化《れっか》した部分もしくは部品を修理または交換《こうかん》すること。
11 「修理」＝建築物等の劣化《れっか》した部分もしくは部材または低下した性能・機能を原状あるいは実用上支障のない状態まで回復させること。
12 「補修」＝部分的に劣化《れっか》した部位・部材等の性能・機能を実用上支障のない状態まで回復させること。
13 「更新《こうしん》」＝劣化《れっか》した部位・部材や機器などを新しいものに取り換《か》えること。
14 「大規模修繕《しゅうぜん》」＝（建築）建物の一側面、連続する一面全体または全面に対して行う修繕《しゅうぜん》。（電気）機器、配線の全面的更新《こうしん》を行う修繕《しゅうぜん》。（機械）機器、配管の全面的更新《こうしん》を行う修繕《しゅうぜん》。
15 「大規模の修繕《しゅうぜん》」＝建築物の主要*構造物の一種以上について行う過半の修繕《しゅうぜん》。
16 「大規模の模《も》様《よう》替《が》え」＝建築物の主要*構造物の一種以上について行う過半の模《も》様《よう》替《が》え（おおむね、同じ材料を用いる「修繕《しゅうぜん》」と違《ちが》って、同じ位置でも異なる材料や

・仕様となるものを「模様替《もようが》え」という）。

17「改修」＝劣化《れっか》した建物等の性能・機能を原状（初期の水準）を超えて改善すること。

18「大規模改修」＝施設《しせつ》の維持《いじ》保全段階において、躯体《くたい》以外の内装《ないそう》や設備が機能的・物理的に老朽化したとき、プロジェクトとして実施《じっし》するもの。

＊主要構造部＝壁《かべ》、柱、床《ゆか》、梁《はり》、屋根または階段をいい、建築物の構造上重要で内間仕切壁《かべ》、間柱、付け柱、揚《あ》げ床《ゆか》、最下階の床《ゆか》、廻《まわ》り舞台《ぶたい》の床《ゆか》、小梁《こりょう》、庇《ひさし》、局部的な小階段、屋外階段その他これらに類する建築物を除くものとする。

以上がビルメンテナンスの「修繕《しゅうぜん》」の仕事です。1から18は、建築基準法の用語定義、「施設《しせつ》管理者のための保全業務ガイドブック」（国土交通省大臣官房官庁営繕《えいぜん》部設備保全指導室監修）等をもとにビルメンテナンス業のビルメンテナンス範囲《はんい》を示しました。「点検」をどこまでするのかと同様に、「修繕《しゅうぜん》」もまた、1から12をどこまでみずから行うか、13以降はどこまで業者と連携《れんけい》するかなど、どこまで関わるかは、その会社の規模や業態、姿勢、スタッフの能力までをも含《ふく》めさまざまです。

建物や設備の劣化《れっか》は、設計ミスなどによる初期故障、あるいは偶発《ぐうはつ》故障、疲労《ひろう》などによる摩耗《まもう》故障の他に、メンテナンスそれ自体が、設備を傷めることになる作業でもあるという諸刃《もろは》の剣《つるぎ》の一面をもっています。定期的なメンテナンスは、定期的に傷める作業でもあることは寿命《じゅみょう》を長くもしながら短くもするというわけです。

人間の病気でも、医師の手術や薬剤投与《やくざいとうよ》、その他の療法《りょうほう》により寿命《じゅみょう》が長くなる場合もあれば、そうでない場合もあります。ビルメンテナンスがビル診断《しんだん》と呼ばれるのもそのためです。修繕《しゅうぜん》、更新《こうしん》、改修などは、使い勝手や省エネ、費用や保険など、オーナーとメンテナンス会社、テナントや居住者、利用者（患者《かんじゃ》、宿泊《しゅくはく》者、食事・買い物・観賞客など）との関係においても決まります。

人間が健康で長生きするための方法については、いくら本が出ていても決定的な妙案《みょうあん》があるわけでもなく限りがないように、ビルのメンテナンスもまた、どれだけ点検し、どこまで修繕《しゅうぜん》するか。突《つ》き詰《つ》めると永遠のテーマといえそうです。

〈運営・交渉《こうしょう》〉

ビルメンテナンスの発展形としてのビルマネジメントは、幹部としての統括《とうかつ》業務です。ビルの運営業務を担当し、オーナーのマネージャー的存在でもあり、営業や経理事務、出費の見直し、エネルギー管理なども行い、オーナーに対して納得のいく説明や提案も必要となります。

ビルマネジメントは、建物を中長期的かつ多角的視点に立って、ビルの資産価値を最大限に高め維持《いじ》する仕事です。

業者への依頼《いらい》、修理点検の立ち会い、オーナーとの相談の上で、時には依頼《いらい》専門業者との折衝《せっしょう》を任される場合もあります。オーナーとの関係もなれ合いにならず、信頼し合った「善き」かかわりでなければなりません。

修繕《しゅうぜん》工事においては、現場の施工《せこう》業者や作業者との打ち合わせを密にし、よりよい形を模索《もさく》します。工事の内容や方法、何が必要か、求めているコスト削減《さくげん》やデザイン、納期の説明、疑問や変更《へんこう》、追加の相談など、ビルマネジメントはコミュニケーション能力も問われます。

以上、ひとつの到達点であるビルマネジメントまで踏《ふ》み込《こ》みました。

「点検」「修繕《しゅうぜん》」「運営・交渉《こうしょう》」が、ビルメンテナンスの三段階です。

その先には、自身でビルメンテナンス業の会社を起こすという道も広がっています。

ビルメンテナンス設備の種類と実際

ビルメンテナンスとは、建築物の設備管理であるということはすでに述べました。では、その「設備」とは何でしょうか。

まず仕事内容は、業務の５つの柱に分けることができます。

第一に「環境《かんきょう》衛生管理」があります。日常清掃《せいそう》に定期清掃《せいそう》、貯水槽《ちょすいそう》清掃《せいそう》、給水槽《そう》洗浄《せんじょう》、排水槽《はいすいそう》・汚水槽《おすいそう》の清掃《せいそう》、ネズミや昆虫防除、害虫駆除《くじょ》などです。飲料水の水質検査、空気環境《かんきょう》測定もここに含《ふく》まれます。

つぎに「設備管理」です。中央監視盤《かんしばん》によるシステム管理、電気、ガス、空調、消防、エレベーターの点検管理です。

3つ目が、「建物・設備保全」です。点検やエネルギー管理も含《ふく》めた修繕《しゅうぜん》です。一般《いっぱん》には蛍光灯交換《けいこうとうこうかん》、トイレの詰まり解消などの小修繕《しょうしゅうぜん》です。

そして4つ目が「警備・防災」です。これは受付業務、防火防災、駐車場管理などです。

最後に「その他の管理サービス」となります。業務管理はもちろん、郵送《ゆうそう》物管理、食堂運営、自販《じはん》機や給湯機の管理、屋内、屋外、屋上の植物や樹木・庭の管理、そしてホテルや病院のベッドメーキング、不動産契約《けいやく》管理など多角経営に合わせて、ビルメンテナンスは、ビルに関するあらゆる悩《なや》みの「相談役」「解決係」です。

これらの仕事に沿って存在するのが、「設備」です。その分け方はさまざまで「電気設備」「給排水《きゅうはいすい》設備」「空調設備」「熱源設備」「消防設備」「昇降《しょうこう》機設備」などですが、ボイラーや冷凍《れいとう》機などの熱源機器は、空調設備の一部であり、空調設備自体もまた、電気設備に含《ふく》まれるということができます。

●電気設備

まずは、電気設備について簡単に説明します。

電気設備とは、施設《しせつ》や個人住宅などに設置され、電気で駆動《くどう》する設備のことです。

1831年にイギリスの物理学者ファラデーが、電磁誘導《でんじゆうどう》を発見し、のちに発電機で電気をつくる発電所が誕生《たんじょう》します。日本《にほん》には現在1700を超《こ》える水力発電所、400以上の火力発電所、15の地熱発電所、廃止《はいし》、定期点検中などで稼働《かどう》数2（2016年12月現在）の原子力発電所などがあります。総出力2万キロワット以上の太陽光発電所が34など新しいエネルギーの発電所も生まれてきています。この発電所から22万〜50万ボルトの超《ちょう》高圧電力が、送電線を伝い一次変電所に送られます。ここで変電され6万6000〜11万ボルトとなった電力は、大工場や鉄道、そして二次変電所である配電用変電所に送られます。ここで6600ボルトまで電圧は下げられ、そこから配電線でビルや工場、そして路上の電信柱の上にある変圧器に送られます。さらに変圧器で低圧となった電気が一般《いっぱん》住宅や商店などに架空引込線《かくうひきこみせん》で引き込《こ》まれます。そこに各種の電気設備が設置されています。

実は設備のほとんどが、電気設備といっても過言ではありません。図表3は、主な設備の一覧表です。

これだけの設備を相手にするビルメンテナンスとは、ビルに関する作業の「何でも屋」

であり、あらゆるトラブルやクレームの「よろず窓口」ですから、資格と実力を兼《か》ね備えていると、点検や小修繕《しょうしゅうぜん》のほかに、専門分野の要請《ようせい》に応えることもできますし、ビルメンテナンス会社として、営業や提案もできます。

たとえば増改築の仕事であれば、建築会社の領域であっても、常時ビルを見て管理してきている側ゆえにビルのクセや特徴《とくちょう》を活かした細かい工事を請《う》け負うことも可能です。

そもそも送配電線工事、引込《ひきこみ》線工事、ネオン装置《そうち》工事、避雷針《ひらいしん》工事といった電気工事や、冷暖房《れいだんぼう》設備工事、ガス管配管工事、ダクト工事といった管工事、ほかにタイル・れんが・ブロック工事、鉄筋加工組み立て工事、ガス圧設工事、板金加工取り付け工事、プラント設備工事などの専門工事には、ビルメンテナンスが手を出すことはありません。しかし、いずれも立ち会いや注視、観察することはできます。

木造の加工または取り付け工事、屋根ふき工事、塗装《とそう》工事、防水工事、内装《ないそう》仕上げ工事、造園工事などは、いずれも一部を請《う》け負うことが可能です。いくつかの現場では、従来では考えられなかった分野にまで手を伸《の》ばし、ビルの要望に関するデパート化を推し進めている流れもあります。

そのためには、ビルの設備をまず覚えなければなりません。

そして工事の種類です。

図表3 設備と機器

設備項目	主要機器及び補助機器など
受変電設備	配電盤、変圧器（動力用・電灯用・計器用）、ヒューズ、コンデンサ、断路器、真空遮断器、避雷器、保護継電器、開閉器、高圧負荷開閉器（高圧カットアウト）、高圧受電盤、低圧電灯盤、低圧動力盤、変流器、零相変流器、電磁接触器、直流リアクトル、区分開閉器、制御装置、計測機器。
配電設備	配電盤、分電盤、幹線ケーブル、ケーブルラック、ケーブルトレンチ、管路、電柱、バスダクト、金属ダクト。
動力設備	非常電源用蓄電池設備、制御盤、ポンプ、コンプレッサー、ブロワー、ミキサー、電気加熱器、クレーン、動力ケーブル、集塵機、製造装置、加工装置。
電気加熱設備	〈間接抵抗加熱〉電熱器、電気温水器、トースター。〈直接抵抗加熱〉ガラス溶解炉、黒鉛化炉。〈赤外加熱〉遠赤外加熱暖房器具。〈アーク加熱〉鉄鋼用アーク炉、電気精錬炉。〈熱プラズマ加熱〉プラズマアーク溶接。〈誘導加熱〉電磁調理器。〈マイクロ波加熱〉電子レンジ。〈レーザ加熱〉レーザ加工機、溶接機。
自家用発電設備	発電機、原動機（ディーゼル、ガスタービンなど）、コージェネレーション設備、燃料電池、自然エネルギー（太陽熱、太陽電池、風力発電）。
無停電電源設備	電池、直流電源装置、UPS（無停電電源装置）、充電器。
蓄電池	鉛蓄電池、NAS 電池、レドックスフロー電池、リチウムイオン電池、ニッケル水素電池。
燃料電池	リン酸形燃料電池（PAFC）、固体高分子形燃料電池（PEFC）、溶融炭酸塩形燃料電池（MCFC）、固体酸化物形燃料電池（SOFC）。
空調設備	熱源設備、空調設備、換気設備、自動制御設備。
搬送設備	エレベーター、エスカレーター、ゴンドラ、ダムウェーター、リニア、ベルトコンベア、クレーン、機械式立体駐車場。
電灯設備	負荷設備（電動機、照明器具）、コンセント、分電盤、調光器、照明制御盤、スイッチ、照明配線、センサ、ネオン装置、ライティングダクト、航空障害灯。
特殊設備	医療機器、精密機器、研究機器、水中照明。
接地設備	接地極、接地線、等電位ボンディング、接地端子箱。
避雷設備	避雷針、避雷導線、接地極、アレスター。

消防設備	自動火災報知設備、受信器、発信器、熱感知器、煙感知器、ガス感知器、中継器、非常警報設備（非常ベル、非常扉、非常シャッター、非常用照明、非常用コンセント、非常放送設備）、インターホン設備、消火栓、誘導灯、消火設備、避雷設備、避雷針、スプリンクラー設備、防火戸、防火排煙設備、防炎ダンパ。
監視制御設備	中央監視盤、制御盤、センサ、操作盤、表示盤、カメラ設備、遠隔監視装置、BEMS、信号設備、案内盤。
センサ技術	力学センサ（地震センサ）、温度センサ（温度計）、電磁気センサ（磁気カード、IC カード）、磁気センサ（駐車場管理車検知）、光学センサ（炎感知器、入隊室管理バイオメトリック）、バイオセンサ（生物や酸素、DNA を利用）
通信設備	MDF、構内交換機、電話器、ファックス、端子盤、携帯電話用アンテナ、漏洩同軸ケーブル、衛星通信設備、内線交換機、館内放送設備、電波障害防止設備、アンテナ。
情報通信設備	構内情報通信網（LAN）、光ファイバー、サーバー、ハブ、ルーター、テレビ会議システム、インターホン設備、ナースコール。
防犯設備	侵入検知器、電気錠、カードリーダー、認証器、監視カメラ、入退場ゲート、人感センサ、警報ブザー（ベル、サイレン）、鍵管理ボックス。
TV 共同受信設備	共同受信アンテナ、増幅器、分配器、混合器、コンバータ、分岐器、分波器、整合器、同軸ケーブル、CATV、映像機器（液晶マルチスクリーン、スコアボード、電子看板）。
放送設備	増幅器（アンプ）、スピーカー、デッキ、チューナー、マイク、プレイヤーその他の音響機器。
表示装置	案内表示盤、信号灯、在室灯、順番待ち表示、呼び出し表示、広告塔、電子時計（親時計、子時計）。
駐車場管制設備	管制装置、精算機、発券機、カーゲート、満空案内表示灯、ループコイル、入口表示灯、センサ、機械式駐車装置、車番号認識装置、DSRC（専用狭域通信＝無線通信による自動入出・料金決済）、車番認識装置、監視カメラ。
衛生設備	給排水設備、衛生設備、給湯設備、ガス設備、中水処理設備。
衛生器具	洗面台、シャワー、風呂桶。
厨房設備	流し台、コンロ、レンジフード、電子レンジ、冷蔵庫、冷凍庫（船舶の場合は冷蔵室／冷凍室）、回転がま、大型炊飯器、フライヤー、グリストラップ。
仮設設備	分電盤（漏電遮断器＝漏電ブレーカー、配線用遮断器＝安全ブレーカー、電力量計、制御用のリレー、制御ユニット）、小型発電機、仮設照明、電気溶接機。

＊「しくみ図鑑」シリーズ『電気設備が一番わかる』（五十嵐博一著、技術評論社）等をもとに作成

一般《いっぱん》には設備を点検して「見張る」「監視《かんし》する」仕事です。それに加えての小修繕《しょうしゅうぜん》も、「工事」とまではいえないような細かい作業にすぎません。

電気設備が壊《こわ》れたといっても、多くは家庭電気製品的なものが「点灯しない」「作動しない」という相談依頼《いらい》です。

まずは、コンセントが抜《ぬ》けていないか、スイッチは入っているか、電気が来ているか（テスターで交流電圧を測ります）、電気が来ていない場合は、電気が落ちていないか（漏《ろう》電《でん》チェックする）と、つぎつぎと、原因をたどっていきますが、意外にも、コンセント抜《ぬ》け、スイッチ切り、電線の破損程度のメンテナンスが多いのです。

管球交換《こうかん》、漏電《ろうでん》調査といった電気関係よりも、大工仕事、たとえば棚《たな》が外れた、引き出しが開かない、戸が外れた、といったトラブルに対する修理となります。

というわけで、むしろ必要なのは、技術や知識もそうですが、対応の仕方、コミュニケーション、関係を円滑《えんかつ》にするといった「社会人としてのマナー」や「気配り」です。

その上で、専門的な技術よりも、基本的な「設備」についての知識、工具の名称《めいしょう》や使い方などの知識が必要です。

ビルメンテナンスのキャッチフレーズは、「脚立《きゃたつ》と笑顔《えがお》」と言われるように、球替《たまか》え（管球交換）が大きな部分を占めます。

現在、照明（ランプ）には４種類あります。

まずは、電流を流して熱することによって発光させる「白熱電球」があります。次に、電子放出により発生した紫《し》外《がい》線を蛍光《けいこう》体とぶつけることによって発光させる「蛍光《けいこう》灯」です。これが現在もっとも多く使用されています。長さ、形、調光用などさまざまあり、一般的な細長い「直管蛍光《けいこう》灯」や、デスクスタンドやダウンライトなどとして使われる「コンパクト形蛍光《けいこう》灯」「電球型蛍光《けいこう》灯」「環形蛍光《けいこう》灯」などが代表的です。この「蛍光《けいこう》灯」がもっとも主流の球替《たまか》えの対象となります。寿命《じゅみょう》により半年から1年で交換《こうかん》対象となります。電気が来ていない場合は、接触《せっしょく》不良や、もしくはその他の原因を探ります。

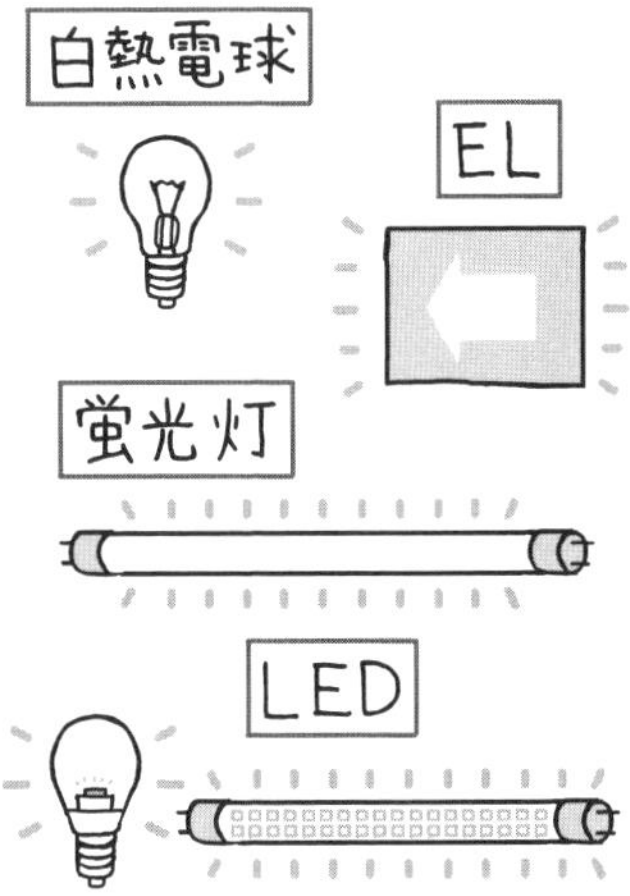

そして、急速に設置が進んでいるのが「LED」です。LEDとは、発光ダイオード（Light Emitting Diode）の3つの頭文字を省略したもので、P型半導体とN型半導体を接合した構造に電圧をかけて発光させる仕組みです。寿命《じゅみょう》が「蛍光《けいこう》灯」に比べてはるかに長く、約4万時間で、8〜10年もつといわれています。1998年の白色LED開発によって、一般《いっぱん》照明

用として、大型ビルにおいては利用が近年著しく広がっています。

もうひとつ、電界発光や電場発光の総称《そうしょう》で、「エレクトロルミネッセンス（ＥＬ）」と呼ばれる自然発光現象があります。これも現在実用化が進んでいます。

点検記入、球替《たまか》えができるようになれば、つぎは小修繕《しょうしゅうぜん》のそれぞれに熟知していきます。

まずは、図面の読み方を覚えねばなりません。これは、地図記号のようなもので知らなければ読めません。

配電盤《ばん》文字記号と対応英語の主なものを図表4とします（２０１０年のＪＳＩＡ　１１８－１＝配電盤類の電気用図記号と文字記号をもとに作成）。

設備図には、電気のほか、給排水《きゅうはいすい》系統図と空調設計図があります。

建築全体としては、意匠《いしょう》図、構造図、設計図の３種類あり、ビルメンテナンスが扱うのは設計図で、主にフロアの平面図や給排水《きゅうはいすい》系統や給排気《きゅうはいき》系統の断面図です。

意匠《いしょう》図は、建物の外観や形態、間取りなどを示す図で、上から見たものに案内図、配置図、平面図、屋根伏図、横から見たものとして、立面図、断面図、展開図があり、下から見上げた天井伏図、真上から見た屋根伏図、建物の最要部分を上下に切断した断面詳細図としての矩計《かなばかり》図のほか、仕上げ表、仕様書なども含まれます。

図表4 配電盤文字記号と対応英語

計器類	
V【Voltmeters】	電圧計
A（AM）【Ammeters】	電流計
W（WM）【Watt Meters】	電力計
WH【Watt-hour Meters】	電力量計
PF【Power-Factor Meters】	力率計
FM【Frequency Meters】	周波数計
AS【Ammeter Change-over Switches】	電流計切替スイッチ
VS【Voltmeter Change-over Switches】	電圧計切替スイッチ
COS【Change Over Switch】	切替スイッチ
VAR【Varmeters】	無効電力計
MDA【Maximum Demand Ammeters】	最大需要電流計
MDW【Maximum Demand Watt meters】	最大需要電力計
HAM【Higher-harmonics Ammeter】	高調波電流計
HVM【Higher-harmonics Voltmeter】	高調波電圧計
HM【Hour Meter】	時間計
開閉器・遮断器類	
AS【Air Switches】	気中開閉器
VS【Vacuum Switches】	真空開閉器
LBS【Load Break Switches】	負荷開閉器
PAS【Pole Air Switches】	高圧交流負荷開閉器
VCB【Vacuum Circuit Breakers】	真空遮断器
OCB【Oil Circuit Breakers】	油遮断機
PCS【Primary Cutout Switches】	高圧カットアウト

PF【Power Fuses】	電力ヒューズ
DS【Disconnecting Switches】	断路器
MC【Electromagnetic Contactor】	電磁接触器
VMC【Vacuum Electromagnetic Contactor】	真空電磁接触器
ELCB【Earth Leakage Circuit Breakers】	漏電遮断器
MCCB【Molded Case Circuit Breakers】	配線用遮断器
変圧器・変流器・コンデンサ類	
T【Transformers】	変圧器
VT【Voltage Transformers】	計器用変成器
CT【Current Transformers】	変流器
ZCT【Zero-Phase-sequence Current Transformers】	零相変流器
ZPD【Zero-Phase-sequence Potential Device】	零相電圧検出装置
EVT【Earthed Voltage Transformers】	接地形計器用変圧器
SC【Static Condenser】	進相コンデンサ
GC【Grounding Capacitors】	接地用コンデンサ
SR【Series Reactor】	直列リアクトル
継電器類	
OCR【Overcurrent Relays】	過電流継電器
OVR【Overvoltage Relays】	過電圧継電器
OLR【Over load Relays】	過負荷継電器
GR【Ground Relays】	地絡継電器
DGR【Directional Ground Relays】	地絡方向継電器
OVGR【Over Voltage Ground Relays】	地絡過電圧継電器
UVR【Under voltage Relays】	不足電圧継電器
UPR【Under Power Relays】	不足電力継電器
RPR【Reverse Power Relays】	逆電力継電器

UFR【Underfrequency Relays】	周波数低下継電器
THR【Thermal Relays】	熱動継電器
その他機器類	
CH【Cable Heads】	ケーブルヘッド
TC【Trip Coils】	引外しコイル
GE【Generaters】	発電機
LA【Lightning Arrestors】	避雷器
E【Earthing】	接地
ET【Earth Terminals】	接地端子
CTT【Current Testing Terminals】	電流試験用端子
VTT【Voltage Testing Terminals】	電圧試験用端子
THR【Thermal Relays】	サーマルリレー
PL【Pilot Lamps】	パイロットランプ
BS【Button Switches】	ボタンスイッチ
MOV【Motor Operated Valve】	電動弁
SV【Solenoid Valve】	電磁弁
FAN【Fan】	換気扇
FL【Fluorescent Lamp】	蛍光灯
SL【Signal Lamp】	表示灯
CON【Socket Outlet】	コンセント
LF【Electrode Rod】	電極棒
BL【Bell】	ベル
BZ【Buzzer】	ブザー
AC【Alternating Current】	交流
DC【Direct Current】	直流

構造図は、建物の基礎《きそ》の鉄筋、コンクリートの指示、柱・梁・壁・床の部材や寸法、構図、継《つ》ぎ手の方法などを示すもので、標準図、基礎伏《きそふせ》図、床伏《ゆかふせ》図、小屋伏《こやふせ》図、軸組《じくみ》図などから構成されます。

建築図面に出てくるＡＬＶＳとは、室面積（Area）、採光（Light）、換気（Ventila-tion）、排煙《はいえん》（Smoke）のことです。

「住宅」とは別の「非住宅建築物」は、「外皮（外壁・窓など）」と「空調（AC）」「換気《かんき》（V）」「給湯（HW）」「照明（L）」「昇降《しょうこう》機（EV）」の５設備を指しますが、この記号は、エア・コンディショナーのAC、ベンチレーションのV、ホット&ウォーターのHW、ライトのL、エレベーターのEVと解釈《かいしゃく》して覚えておきます。

図面が読めるようになると、小修繕《しょうしゅうぜん》で、コンセントや電線の破損を修理したりしますが、ケーブルの種類も覚えなければなりません。

現場での電線サイズの呼び方ですが、以下のように呼ばれます。

断面積の場合は、１・２５sq（＝平方ミリメートル）（イチニイゴ）、２sq（ニスケ）、３・５sq（サンテンゴ）、８sq（ハチスケ）、38sq（サンパチ）などです。直径の場合は、１・６㎜（＝ミリメートル）（イチロク）、２・０㎜（ニミリ）、２・６㎜（ニイロク）、３・２㎜（サンニイ）と呼ばれます。

ビルなどで最も多く使用されている電線（ケーブル）は、「ビニル絶縁《ぜつえん》ビニルシースケーブル平形」です。これを略して「VVF」と呼んでいます。「Fケーブル」や「VAケーブル」とも呼ばれています。一般《いっぱん》の配線では、ほとんどこのケーブルが使用されています。直径1・6㎜から14sqまで2芯《しん》と3芯《しん》がほとんど用いられます。シースとは外装を意味します。

次に規模の大きい部分で、太い電線が必要な場合は、「ビニル絶縁《ぜつえん》ビニルシースケーブル丸形」が使われます。略して「VVR」（もしくはSVケーブル）と呼ばれます。略称《りゃくしょう》アルファベット記号の意味は、材質を表す「V」＝塩化ビニール、「C」＝架橋《かきょう》ポリエチレン、形状を表す「F」＝平形、「R」＝丸形、構造を表す「S」＝単芯、種別の「F」＝コード、「CT」＝キャブタイヤ（移動用）、芯《しん》の数を表す「2C」＝2芯《しん》（黒白）、「3C」＝3芯《しん》（黒白赤）、「4C」＝4芯《しん》（黒白赤緑）などです。図表5は電線の略称の主な一覧です。

電気系統図が読めるようになると、つぎは、給排気《きゅうはいき》・給排水《きゅうはいすい》系統図です。

●給排水《きゅうはいすい》設備

球替《たまか》えのつぎに多く要請されるトラブルは水漏《みずも》れです。多くの場合は、雨漏《あまも》りや雨による床下《ゆかした》・床上浸水《ゆかうえしんすい》ではありません。トイレやエアコン、給湯《きゅうとう》機などの給排水《きゅうはいすい》機からの漏《も》れ

図表5 主な電線の略称と名称一覧

略称	名称【裸電線】	備考
ACSR	鋼心アルミより線	
OPGW	光ファイバ複合架空地線	アース線として用いられる
	名称【絶縁電線名】	
IV	600Vビニル絶縁電線	屋内配線用
HIV	600V二種ビニル絶縁電線	屋内配線用で耐熱被覆されている
OW	屋外用ビニル絶縁電線	屋外配線の架空配電線に用い耐候性が高い
DV	引込用ビニル絶縁電線	電柱から家屋までの架空引込線
PDC	高圧引下用架橋ポリエチレン絶縁電線	
PDP	高圧引下用エチレンプロピレンゴム（EP）絶縁電線	
OE	屋外用ポリエチレン絶縁電線	
OC	屋外用架橋ポリエチレン絶縁電線	
NV	ネオン管用ビニル電線	
NEV	ネオン管用ポリエチレン絶縁ビニルシース電線	
HP	耐熱電線	加熱にも耐える消防庁認定電線。15分通電
	名称【キャブタイヤケーブル】	
2CT（3・4CT）	2種ゴムキャブタイヤケーブル（3・4種ゴムキャブタイヤケーブル）	
2RNCT（3・4RNCT）	2種クロロプレンキャブタイヤケーブル（3・4種クロロプレンキャブタイヤケーブル）	
VCT	ビニル絶縁ビニルキャブタイヤケーブル	移動用電気機器の電源回路に用いられる可とう性を持ったケーブル

	名称【ケーブル】	
FP（NH）／FP-C（NH）	コルゲートケーブル：直接埋設用 耐火ケーブル（露出用）／（配管用）	火災温度曲線での加熱にも耐える消防庁認定電線。30分通電
OF	油入りケーブル	超高圧の地中埋設電力ケーブル
RN	ゴム絶縁クロロプレンシースケーブル	
EV	ポリエチレン絶縁ビニルシースケーブル	
CV（CVT）	架橋ポリエチレン絶縁ビニルシースケーブル（トリプレックス形）	工場内で6600V以下の配線に用いられ、耐熱性に優れている。耐熱性を改善し現在、プラスチックケーブルの絶縁材料として主流
CVV	制御用ビニル絶縁ビニルシースケーブル	機器の自動制御回路に用いられる
CE	架橋ポリエチレン絶縁ポリエチレンシースケーブル	
VVF、VVR	ビニル絶縁ビニルシースケーブル（F：平形、R：丸形）	屋内配線で、耐候性と耐熱性に優れ、Fは1.6mm～14sq、Rは2sq以上のサイズ。最高使用電圧600V以下で屋内、屋外、地中で使用
VFF、VSF	ビニール絶縁ビニールコード	電線サイズ0.5～2sq最高使用電圧300V以下
MI	無機絶縁ケーブル	導体を無機絶縁物で絶縁した銅被電線で、耐熱性、耐腐食性をもつ
CD-V	ビニル絶縁CDケーブル	
CW	制御用ビニル絶縁ビニルシースケーブル	
CEV	制御用ポリエチレン絶縁ビニルシースケーブル	
CW-S	遮蔽付制御用ビニル絶縁ビニルシースケーブル	
PUFC	電力用フラットケーブル	
LCX	漏洩同軸ケーブル	外部に漏らすことでアンテナ機能と信号伝送の両方を実現

	名称【通信用電線・ケーブル】	
CPEV	市内対ポリエチレン絶縁ビニルシースケーブル	主として電力保安通信用
CPEE	市内対ポリエチレン絶縁ポリエチレンシースケーブル	
CQEE	市内星ポリエチレン絶縁ポリエチレンシースケーブル	
CQEV-SS	ポリエチレン絶縁ビニルシース自己支持形ケーブル	
SWVP	局内プリントケーブル	
RPEV-SS	有線放送用 SS ケーブル	
RD	有線放送用 RD ワイヤ	
TIVF	通信用屋内ビニル平形電線	
TOV（-SS）	通信用屋外ビニル電線（自己支持形）	
LCK	漏洩同軸ケーブル	
TVECX	テレビ受信用ポリエチレン絶縁同軸ケーブル	
EM	エコマテリアルケーブル	PVC（塩化ビニル外装）に代えて、ポリエチレンを使用し、焼却処分してもハロゲンガスやダイオキシンが発生しない環境配慮電線

や雑排水槽の満水によるものです。

そこで給排水《きゅうはいすい》衛生設備配管図や冷温水蒸気配管図を見るわけですが、「管継手《くだつぎて》」というものが出てきます。管と管を結合する部品で、さまざまな形をしています。カップリング、フィッティング、ルアーロック、ジョイント、コネクターとも呼ばれます。継《つぎ》手の外観、断面、記号は、実物や図面を見てもらうしかありませんが、略号は、「S」＝ソケット、「L」＝エルボ、「T」

＝ティー（チー）、「＋」「×」「CR」＝クロス、「U」＝ユニオン、「C」「Ca」＝キャップ、「FC」＝フルカップリング、「F」「FL」＝フランジ、「P」＝プラグ、「N」「Ni」＝ニップル、「N」＝ナット、「BU」＝ブッシング、「A」＝アダプタ、「BE」＝ベンド、「Y」＝ワイ、「Ta」＝タッカ、「Re」＝レジューサなどとなっています。

●空調設備

電気、給排水《きゅうはいすい》のつぎは空調です。この3つを制すれば、ビルメンテナンスを制するともいわれています。

「球替《たまか》え」「水漏《みずも》れ」よりも、もっとも気を使う作業は、実は空調だ、という現場は多く存在します。それは「暑い」「寒い」「乾《かわ》く」「臭《にお》う」「蒸す」「不快な気流（コールドドラフト）」「放射熱」といった、居住空間の快適さ、不快さをどう管理するかという問題です。

「ビルメンテナンス4点セット」といわれる資格は、いわゆる「危険物」「ボイラー」「冷凍《れいとう》」「電気」ですが（144ページ参照）、登竜門《とうりゅうもん》の「危険物」を除くと、「電気」は電気設備に関するものであり、「ボイラー」と「冷凍」は、いずれも空調設備に関するものです。

ビル設備の司令塔たる「中央監視」が登場するのも、空調をどうするかという問題が最大のテーマで、中央監視装置《かんしそうち》で日本最大手のメーカーであるアズビルは、空調機器のパイオニアでもあります。

アメリカ人ウィリス・キャリアが空気調和装置《そうち》を完成したのは1902年ですが、日本で空気調和（113ページ参照）が定着したのは、1950年ごろからで、コンピュータの高温防止として導入されました。キャリアはアメリカでキャリア社を創業し、その日本法人である東洋《とうよう》キャリア工業《こうぎょう》株式会社（現在の東芝《とうしば》キャリア株式会社）が日本ではじめてエア・コンディショナーを製造し、霞が関ビルや皇居に空調施設《しせつ》を納めました。

清掃《せいそう》から警備、そして設備と伸長《しんちょう》したビルメンテナンスは、設備の象徴《しょうちょう》としてまず「ボイラー」が顔となり、その後は冷凍《れいとう》機の登場で、冷房《れいぼう》を冷凍《れいとう》機、加温・加湿《かしつ》を蒸気ボイラー、給湯・暖房《だんぼう》を蒸気ボイラーから熱交換《こうかん》機によって供給するというスタイルに変貌《へんぼう》します。現在は、冷温水《れいおんすい》発生機が冷暖房《れいだんぼう》ともカバーし、蒸気ボイラーは加温・加湿《かしつ》のみで、ヒートポンプチラーとの組み合わせ、さらにはコージェネレーション、蓄熱《ちくねつ》システムを組み合わせての省エネ、環境《かんきょう》を追求したスタイルが模索《もさく》されています。

はじめはアメリカのキャリア社などのIDU（インダクションユニット）が導入され、1968年の霞が関ビル、70年の世界貿易《せかいぼうえき》センタービルなど日本の初期超高層ビルにはアメリカ式空調機が定着します。しかし日本独自のFCU（ファンコイルユニット）が登場します。59年すでに銀座日航《ぎんざにっこう》ホテルで採用された本格的FCUは、73年以降の超高層ビルにおいて圧倒《あっとう》的に採用されていきます。IDUは74年でほぼ消滅《しょうめつ》します。つぎに二重ダクト方式（ＶＡＶ＝可変風量方式の先駆《せんく》）が登場します。66年のパレスホテルや70年竣工《しゅんこう》の新日鐵《しんにってつ》ビル（現・ＪＸビル）などに採用されますが、75年以降は衰退《すいたい》し、80年にはこれも消えます。代わって省エネ空調の代表的ＶＡＶ方式が登場します。74年竣工《しゅんこう》の新宿《しんじゅく》三《みつ》井《い》ビル、77年新宿野村《のむら》ビル、78年新宿センタービル、91年東京都庁、93年横浜《よこはま》ランドマークタワー、そして２００３年の六本木ヒルズ森タワーまで、市場を制していきます。その一方で70年代後半から大規模ビルでも徐々《じょじょ》に、ＰＡＵ（パッケージユニット）を主要機器とするユニタリー方式に切り替わっていきます。73年竣工《しゅんこう》の静岡《しずおか》県庁西館ですでに採用されていました。80年代から大阪の梅田《うめだ》センタービル、コスモタワー、東京オペラシティタワーと採用され、現在は主流となっています。

　ところで空調機とは何でしょうか。空調というと「エアコンのことだろう」程度にしか想像がつきませんが、本来は、電気同様に、ビルメンテナンスの重要な位置を占《し》めています。ひと口に空調設備といいますが、空調とは空気調和の略語です。

　では、空気調和とはいったい何でしょうか。人間が快適に過ごすための空気のことです。人は、個人差があって、暑い、寒い、快適、不快の感じ方がそれぞれに違《ちが》います。また同じ人物でも、気分によって、体調によって、違《ちが》います。さらに、同じ人間が同じ体調の場合であっても、かつ同じ温度でも、気流や湿度《しつど》によって、暑くも寒くも感じます。そのために、多くの人のその時の要望に応えて、それらの調節をするのがビルメンテナンスの仕事です。空気調和のために、温度と湿度《しつど》と気流の調整、そして空気の清浄《せいじょう》という4つの働きを目的とします。つまりは、人間や物品が使用する空間の「温度」「相対湿度《しつど》」「気流」「清浄度《せいじょう》」を、心地よい環境《かんきょう》となる目標値に維持《いじ》することです。

いわゆる「ビル管理法」では、浮遊《ふゆう》粉じん、一酸化炭素、二酸化炭素、温度、相対湿度《しつど》、気流、ホルムアルデヒドの7つの管理項目《こうもく》について、空気環境測定を義務づけていますが（83ページ参照）、「浮遊《ふゆう》粉じん」「一酸化炭素」「二酸化炭素」「ホルムアルデヒド」の4つは、「清浄度《せいじょう》」に含《ふく》まれます。

数字はあくまで目標値であり、4つの目的のバランスを整えます。「温度」は加熱や冷《れい》却《きゃく》で調整しますが、「湿度《しつど》」との関係で、加湿《かしつ》や除湿《じょしつ》と組み合わせます。当然「気流」の方向や速度とも嚙《か》み合わせます。「清浄度《せいじょう》」は、粉じんの除去やガスを希釈《きしゃく》、臭《にお》いを取り除きます。

人間が対象（住宅や事務所、ホテル、病院、劇場、学校、レストラン、店舗《てんぽ》、ホールなど）の場合は、保健用空調といい、品物が対象（製品や文化財を貯蔵したり、製造機械などを維持《いじ》管理する）の場合は、産業用空調といいます。

空調方式は、「一次側」の種類と「二次側」の種類によって区別されます。一次側とは

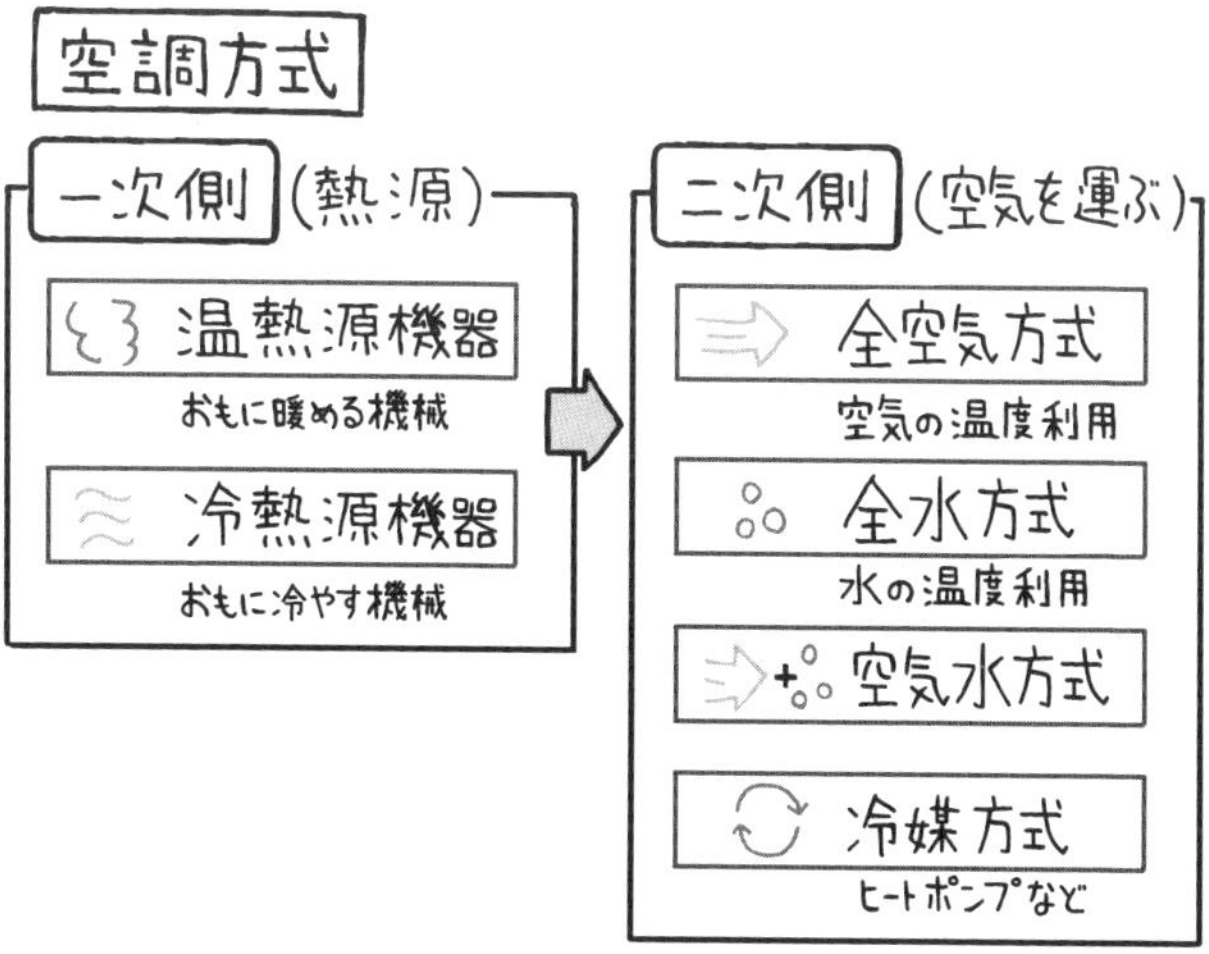

熱源側のことです。これがボイラー（暖房《だんぼう》）や電熱機器（暖房《だんぼう》）、ヒートポンプ（冷暖房《れいだんぼう》）、吸収式冷温水発生機（冷暖房《れいだんぼう》）、コージェネレーション排熱《はいねつ》（暖房《だんぼう》）といった「温熱源機器」、及《およ》び蒸気圧縮冷凍《れいとう》機、吸収式冷凍《れいとう》機、吸着式冷凍《れいとう》機、ターボ冷凍《れいとう》機、排熱《はいねつ》利用吸収式冷凍《れいとう》機、電気駆動《くどう》冷凍《れいとう》機など（いずれも冷《れい》房《ぼう》用）の「冷熱源《れいねつげん》機器」をさします。

一次側に対して、空気を調和し、室内に運ぶ側を「二次側」と呼びます。二次側は運搬《うんぱん》方式で、「全空気方式」「全水方式」「空気・水方式」「冷媒《れいばい》方式」の4つに大別されます。

全空気方式には、単一ダクト（一定風量）方式（SD）、単一ダクト（可変風量＝VAV）方式、各階ユニット方式、二重ダクト方式（DD）、床吹《ゆかふ》き出《だ》し空調方式、マルチゾーンダクト方式などがあります。

全水方式には、ファンコイルユニット（ＦＣＵ）と水熱源ヒートポンプパッケージ方式があります。

空気・水方式は、誘引《ゆういん》ユニット方式、ダクト併用《へいよう》ファンコイルユニット方式、各階ユニット（ＦＵ）とインダクションユニット（ＩＤＵ）があります。

冷媒《れいばい》方式は、パッケージユニット方式（ＰＡＵ）とヒートポンプユニット方式があります。

さらにヨーロッパで急速に広がっている「放射冷暖房《れいだんぼう》」があります。

また地域冷暖房《れいだんぼう》（ＤＨＣ）は、１９６２年の米軍調布《ちょうふ》基地が日本での第１号とされますが、１９７０年の大阪《おおさか》万博でお披露目《ひろめ》され、83年の東京・練馬区光《ひかり》が丘《おか》団地、89年には北海道・札幌駅北口の地下鉄排熱《はいねつ》利用の地域冷暖房《れいだんぼう》が始まり、さらに、ゴミ焼却《しょうきゃく》排熱《はいねつ》、バイオマスエネルギー、河川水、海水、下水、地下水等の温度差エネルギー、工場排熱《はいねつ》、変電所等の排熱《はいねつ》、コージェネレーションシステムの排熱《はいねつ》利用などで、省エネルギー効果と安定供給を実現しています。

都市開発とともに急速に普及《ふきゅう》した地域冷暖房《れいだんぼう》は、１９８６年の50地区突破《とっぱ》を境に大きく飛躍《ひやく》しました。しかし２００５年の１５４地区をピークに、現在は微減傾向《びげんけいこう》にあり、安定の時代へと入っています。2020年6月時点で、全国136地区の地域冷暖房《れいだんぼう》供給地区のうち、東京都環境局《かんきょうきょく》・地球環境《かんきょう》エネルギー部・次世代エネルギー推進課資料によると、東京都は6割以上の83地区で取り入れられています。もっとも多いのが、六本木ヒルズや東京国際フォーラム地区などの「コージェネレーション」による地域冷暖房《れいだんぼう》で、ほかに東京臨海副都心地区などの「廃棄《はいき》物エネルギー」を利用したもの、東京スカイツリー®地区などの「温度差エネルギー」を利用したもの、日比谷《ひびや》地区などの「排熱《はいねつ》エネルギー」を利用したものがあります。

2014年に竣工《しゅんこう》した日本初のスーパートール（300メートル以上の世界基準 超《ちょう》高層ビル）で日本一の高さのビル「あべのハルカス」では、太陽光・風力発電はもちろん、雑排水《ざつはいすい》の落差を利用した落水発電も採用しています。さらに、植物やゴミ、排《はい》せつ物などの生物資源からつくられるバイオガスも活用して、消化ガスボイラーやコージェネレーションに利用されています。ビルは前進・成長し続けています。

電気、給排水《きゅうはいすい》、そして空調の各設備の仕組みを把握《はあく》してしまえば、ビルメンテナンスの大きな要点は把握《はあく》できたも同然です。しかし、手に負えない工事や回復不能の設備は専門業者に依頼《いらい》します。上手に橋渡《はしわた》しをすることも仕事です。

ビルを安全・快適に過ごせるよう、最高の状態に維持《いじ》し、環境《かんきょう》に配慮《はいりょ》し、人間にやさしい建物、そして地域にしていくことが、ビルメンテナンススタッフの信用であり重みです。

ビルメンテナンススタッフという職業及《およ》び生活と収入

ビルメンテナンススタッフとして働く人の数は全国に100万人います。

1980年に26万人だったものが、2009年までの30年間で約4倍の105万人となりました。この100万人という数字は、たとえば、2020年現在、警備員の57万人、タクシー運転手が30万人、医師33万人、警察官26万人、自衛隊員25万人、消防署員16万5千人に比べてもかなり多い人数です。

これらは全国津々浦々《つつうらうら》の街々に存在する人たちです。しかしビルメンテナンススタッフは、大都市にしかいません。東京だけで50パーセントという超《ちょう》一極集中型の職業です。その上2020年の東京オリンピックに向けてのビル建設ラッシュで、増加しています。

「ビルが存在する限りなくならない仕事」といわれますが、ビルのあるのは都市であり、超《ちょう》都市型の職業ともいえます。都市がある限りなくならない。それだけにやりがいもあり、街を守る重要な縁《えん》の下の力持ちで、めざすには奥深い仕事です。

かつては、設備を中心に大きく分けて、清掃《せいそう》、警備、管理サービスの組み合わせといった形でそれぞれの競争入札であったものが、現在では保守、維持《いじ》管理をも含《ふく》めた総合的な建物管理が入札の主流となり、さらにはビルエネルギー管理などの付加価値サービスを提供し、小売業や飲食業なども含《ふく》んだ経営の多角化が始まっています。それら総合サービス化、多角化のために企業《きぎょう》の吸収や合併《がっぺい》が進み、これによって、海外への進出、市場開拓《かいたく》もまたどんどんと始まっている業界です。

2011年の東日本大震災以降は、電気、ガス、油など複数のエネルギー源による機器を併用《へいよう》した建物や、従来の水冷式ではない、空冷式の熱源を併用《へいよう》した建物、そして遠隔《えんかく》操作による監視《かんし》システムをどんどんと導入してのビル施設《しせつ》の効率を追求する新たな方向と展開のうえであきらかに局面が変わってきています。

ビルの設備が相手であり、人間（泥棒《どろぼう》や不法侵入《しんにゅう》者）を捕まえる仕事ではありません。来館者やテナントを警護したり護衛したりはしません。生命や財産を守るのではなく、機械や建物といった設備の寿命《じゅみょう》を延ばし、省エネルギーを達成するのが第一の仕事です。

ビルメンテナンス業は、図表6の14分類中12番目の「サービス業」に属します。他業種に比べて、平均給与《きゅうよ》額が低いともいえるのですが、実際の休日が多く、残業もほとんどないところが多く、仕事の中身も過酷《かこく》ではなく、定着すると、大幅《おおはば》な異動や業態の変化がほとんどないという点も、人によっては、魅力《みりょく》に映るようです。

休日は年間120日のところが多いのは、24時間勤務があるためです。

図表6 業種別の給与額

1	電気・ガス・熱供給・水道業	819万9000円
2	金融業・保険業	571万1000円
3	情報通信業	533万7000円
4	製造業	475万6000円
5	建設業	450万3000円
6	複合サービス事業	423万9000円
7	医療、福祉	414万4000円
8	学術研究、専門・技術サービス業、教育、学習支援業	391万3000円
9	運輸業、郵便業	390万9000円
10	不動産業、物品賃貸業	378万6000円
11	卸売業・小売業	318万6000円
12	サービス業	308万6000円
13	農林水産・鉱業	219万6000円
14	宿泊業、飲食サービス業	194万9000円

令和元年分国税庁民間給与実態統計調査結果（令和2年11月発表）

その24時間勤務もまた、一年に一度の警報もならず、トラブルもほとんど何も起きない穏《おだ》やかな現場もあれば、絶えず仮眠《かみん》しか取ることのできない現場もあります。

24時間勤務の場合は、翌日が夜勤明けとなるため、残業がほとんどないのがビルメンテナンスの世界です。人が足りない現場では月平均10時間程度の残業があると考えられますが、基本的に残業しなければならない理由（その人が残業する必要のある仕事）がありません。

現状、給与《きゅうよ》は、20代から60代

までそれほど変わらないという不思議な業界ですが、その状態が今まさに変わってきている時代に突入《とつにゅう》しています。つまり、かつての安くてもよいという中途《ちゅうと》入社の古い世代が、定年やリタイアなどで少数派となっていき、若い人たちの参入と、そのまま年数を重ねて給料が上がっていくという、世代交代の時代に入ったということです。

ビルメンテナンスには常用型（同じ現場に勤務）と、巡回《じゅんかい》型（いくつかの現場を回る）という2つの形態がありますが、常用型のほうが、給与《きゅうよ》は高い傾向《けいこう》にあります。常用型のなかでも「泊《と》まり（24時間）」のあるほうが、金額が高くて休みも多いという傾向《けいこう》です。

勤務先も大手大企業《きぎょう》の傘下《さんか》（子会社または系列会社）と、独立系プロパー（個人もしくは複数人で起ち上げた会社）の事業者があり、大手系列のほうが給与《きゅうよ》は高く、巨大《きょだい》な資本の支えもあり、経営は安定していますが、親会社の影響《えいきょう》を受けることも確かです。多くの場合、社長は親会社からの出向です。一方の独立系では、頭角を現すと役員待遇《たいぐう》となり、給与《きゅうよ》もいわゆる社員の比ではありません。役員はつぎの代の社長になることも可能です。現在独立系の会社で、

先代の姻戚《いんせき》関係でない社長は多数います。

大手というと財閥《ざいばつ》系、ゼネコン系、プラント系、鉄道系、不動産系、百貨店系、電気・計装《けいそう》等の各種メーカー系、保険会社、銀行等の金融《きんゆう》機関系列などで、日本のほとんどすべての業種がビルメンテナンス業界に参入しているというのが現状です（次章参照）。一方の独立系は、専門業者からの独立が多く、強みがあります。

警備業界のように二大会社をはじめとする寡占化《かせんか》が進んでいないので、業界再編が大手を中心に始まるのではないかという見方もされていますが、今のところ進んでいません。

競争入札での価格下落や、オーナーからの引き下げ要求による、全体としての請負《うけおい》金額が下落傾向《けいこう》である一方で、大手系列、独立系のどちらも、ビルマネジメントの重要性が高まって、もともと高給与《こうきゅうよ》であったビルマネジメントの人数が増え、またビルメンテナンス自体も給与《きゅうよ》水準を上げる傾向《けいこう》にあるということです。

3章
なるにはコース

将来のある仕事です 若い人に期待しています

全国《ぜんこく》ビルメンテナンス協会会長《きょうかいかいちょう》
興和《こうわ》ビルメンテナンス　代表取締役社長《とりしまりやくしゃちょう》
一戸《いちのへ》隆男《たかお》さん

柔道《じゅうどう》からビルメンテナンスへ

はじめは柔道《じゅうどう》でした。小学4年から始めまして、鎌倉学園《かまくらがくえん》（神奈川《かながわ》県）の時に高校チャンピオンとなって、当時柔道部《じゅうどうぶ》が日本一だった拓殖《たくしょく》大学に誘われ、そこで主将にまでなるのですが、2年生の時に、膝《ひざ》の靭帯《じんたい》をけがしまして、柔道《じゅうどう》での将来を考えたんです。柔道《じゅうどう》を続けられているあいだは、柔道《じゅうどう》界の人間として生きていけるけれども、柔道《じゅうどう》をやらなくなったら、人間として自分にはどんな使い途《みち》があるのかなあ、と。実は私の大学在学中に、のちに総理大臣となる中曽根康弘《なかそねやすひろ》さんが総長に就任します。中曽根さんは政治家としての顔もあり、炭鉱閉山や米軍キャンプの縮小にともなう離職者《りしょく》に手当を出していた時期があったんです。そこで、ビルメンテナンスという仕事のあることを教えられました。

ビルメンテナンスひと筋の最古参

卒業時には、民間の大手企業《きぎょう》や国の機関からもスカウトに来ました。「柔道《じゅうどう》で入社、入庁してくれ」と。しかしいずれ自分で会社を起こしたなら、その方がお金も時間も、もっと余裕《よゆう》が持てるだろうと考えました。先輩《せんぱい》の会社で8年間、30歳《さい》まで勤め、仕事を覚えさせてもらって、現在の会社を始めました。

最初の現場は病院でした。給料についてはガタガタ言いません。3年間1000日は休まずに行きました。そうしたら覚えるのも早いですから。就職先としては大きい会社という選択《せんたく》もあったんですけど、歯車のひとつになってしまい、全体を把握《はあく》するという点では覚えられません。だから先輩《せんぱい》のやっている小さい会社に入れてもらいました。先輩《せんぱい》の会社は、本体が清掃専門であったけれども、毎日行くことで、他の警備や設備管理も目にできるので、勉強し覚えていけます。今現在、この業界では私がビルメンテナンス最古の創業者かもしれませんね。

会社を起こした頃《ころ》は、ビルのメンテナンスや清掃《せいそう》の仕方は知っていても、仕事の取り方やもらい方については何も知らずに始めたので、役所の財政課に行って、指名競争入札書類の書き方から何から、全部教わりながらやりました。まだ民間のビルなんてものが建っていない地域でしたから、官の仕事を請け負《う》うしかないわけです。そのうち得意とする分野が見つかると、貯水槽《ちょすいそう》の清掃《せいそう》や害虫駆除《くじょ》などを請け負《う》いつつ、警備や設備なども始めます。

なぜ私が、拓大柔道《じゅうどう》部主将という金看板ともいえる立場を投げ打ってビルメンテナンスの世界に入り、今も続けているかと言いますと、若くして始めたという実例としての生き証人だからという面があります。この業界に入ってきて、他業種からの横入りではなく、ずっと一本で来たという私の世代の人間は何人かしかいませんし。

ビルメンテナンス本来の目的

私は、この業界で働く人間の給料や地位を向上させたいとも思ってやってきましたが、何より若い人たちに、この業界はいいよという説明をしなきゃいけないと思うんです。人類全体から考えた場合、絶対に公害は出さない職業です。

たとえば掃除《そうじ》にしても、2種類あって、ひとつは官公庁の建てたビルです。これは自分で建てたビルという意識をもちにくいです。人事異動が2年くらいで担当者の入れ替わりも早い。また税金で建てているので、ある程度のクオリティは必要ですが、極論でいうと、担当者が交代するまで無事であればいいとはいわないまでも、100年の見通しをもっているとはいえません。

一方で、民間のビルは、自分で心血を注いで建てたものなので、きれいにしておきたい。使う方にもきれいになってもらいたい。その点で2つのビルには、意識の差はあると思います。その上で、つい先だって品質確保法（国土交通省《こくどこうつう》2014年「公共工事の品質確保促進《そくしん》に関する法律」）の一部が改正されました。発注者は、入札参加希望者の技術的能力も審査《しんさ》しなければならないなど、品質を保たなければならないという法律です。入札競争による価格低下で、安かろう悪かろうとなり、ビルの耐用《たいよう》年数が20年のところ10年で使えない状態になったら、失われた10年は損なのか得なのかという問い合わせに始まって、それなりの品質を確保しなければ建物は長もちしませんよ、というものです。公共のビルならば、税金のむだ遣いですよ。ビルをきれいにするという、本来の目的に近づきたい。その努力を今一生懸命《いっしょうけんめい》重ねているところです

ビルメンテナンス業界は若い力を求めている

ある時期までは前時代的でした。清掃《せいそう》でいうと、大きなゴミをほうきで掃《は》いて、モップでふくとか、月に1回ポリッシャーという機械を回して表面をきれいにしてワックスを塗《ぬ》

るというそのくり返しでした。つまり対処療法《りょうほう》的でした。しかしそれだけではすまなくなりました。

ビルはこれまでスクラップ・アンド・ビルド、建てては壊《こわ》しの連続でした。30年から40年、短いものであれば20年で壊《こわ》されます。これまでは、その日その日で建物の安全や衛生を提供していればよかったわけです。

しかし現在では、「よい建物」を、できるだけ快適に長もちさせましょうという思考で建てられていて、恒久《こうきゅう》化しています。そうなるとオーナーとしては、維持《いじ》費の方を安く抑《おさ》えたくなります。この流れに対応するためにも、若い人たちの力が、そして新しい創業者が求められているのです。これまでと違《ちが》い、新しいビルは、50〜１００年もたせなければならないわけです。そうなると、１００年のビジョンや安全、衛生、美観を維持《いじ》する技術が必要となり、相当なマネジメント力や知識が必要になります。これまでの年配者の力だけではダメで、若い人が必要です。

それに、いかに設備と建物を長もちさせるかについての計画がいります。建物をよく知って管理しなければなりません。管理しだいで１００年もつものを、70年ぐらいでダメにしてしまっては意味がありません。年月が長くなった分だけ、２世代3世代にわたるわけで、若い人が入って建物の寿命《じゅみょう》を長く観察・管理できるということが重要です。また建物の耐用《たいよう》年数の終わりごろというのは、より技術力が必要で、その時に長い経験をもった人が必要になってきます。そして、ビルの場合は、長期的に仕事を約束《やくそく》できる〝なくなる仕事ではない〟ということです。

２つ目の職場、第二の人生としてではなく、若い時からこの業界に勤《いそ》しんでいたほうが有利です。第一の職種としてはじめから狙《ねら》いを定めて来るのもありですよ、ということです。若いころからスタートすれば、私のように経営者にもなれますし、人生の計算としては悪くないと思います。

大企業《きぎょう》に入るという方法も確かにあります。逆算して人生を考えてみると、この業界には未来があります。若いうちから知識と技術をみがいていると、ビルのオーナーに対して多角的に提案できます。日本の人口は減っても、建物の数は現実に残りながら、近代化し建て替《か》えられています。今、ビルメンテナンスは、エコチューニングというものを開発者とともにやっています。省エネを含《ふく》めてビル運営をやってしまう。地球にやさしいよい仕事であることに間違《まちが》いはありません。

2020年の東京オリンピック・パラリンピックに向けて

オリンピック・パラリンピックによって、ビル建設は、絶対的に伸《の》び盛《さか》りになっています。ビルが建てば私たちが必要です。競技場や宿泊《しゅくはく》施設《しせつ》だけでなく、マラソンコースなども管理が必要です。

加えて、実はビルメンテナンススタッフという仕事はテロの標的でもあります。たとえば清掃員《せいそういん》は、ビルのどこでも入って行くことができます。どんな秘密の場所でも清掃《せいそう》しないというわけにはいきません。清掃員《せいそういん》に成りすますというテロも映画ではよくある設定ですね。

たとえば電気ひとつを止めるにしてもそんなに難しい話ではありません。水に毒を入れるにしても屋上に上がって高架水槽《こうかすいそう》に入れるだけです。つまりビル設備はものすごく危険にさらされているんです。その重要性についてみんな気付かないわけです。ですが一方で、ビルメンスタッフが常駐《じょうちゅう》していて、清掃《せいそう》があちらこちらを回っていると、そのこと自体が防犯的な役割を既に請《う》け負っています。通常は社長室なんて、警備の人も入れませんが、清掃《せいそう》の人間は入ることができます。ビルは建てる時の建築費よりも、最後まで保たせる維《い》持《じ》管理費のほうがずっとかかります。オリンピック・パラリンピックに向けて建てる以上に、防犯、省エネも含《ふく》めて、いかにもたせるかはわれわれに任された大きな課題でもあります。

またもうひとつ、災害対応として、再び大地震が起きた時に、機能がストップしたところを早く起ち上げねばなりません。そのための設備、構え、人の手配など従来にないものが求められて、より迅速《じんそく》に業者さんを呼ぶ体制、緊急時《きんきゅう》に自分たちが貢献《こうけん》できる体制、役所との協定、ＤＣＰ（緊急《きんきゅう》時地域活動継続《けいぞく》計画）の準備が始まっています。そのビルの持っている、これまで積み重ねてきた知識やデータを、他のビルと比較《ひかく》共有していくことで深まり高まっていくわけで、一つひとつのビルではなく、地域というとらえ方で進んでいます。

ビルメンテナンスの仕事の今後の展望

ビルメンテナンスの仕事は、その種類も内容もどんどん広がり、多角化が進んでいます。私は病院の掃除《そうじ》から始めましたが、現在、メッセンジャーという名で薬剤《やくざい》提供サービスも行っています。

つまりはじまりはビルメンテナンスであるけれども、お客さまの求めに応じて、さまざまなサービス提供が広がっているのです。

掃除《そうじ》でいうと、マンションのハウスクリーニングなど、個人サービスにも進み、病院ならば、場所によっては診療《しんりょう》放射線技師も薬剤《やくざい》師も派遣《はけん》し、調剤《ちょうざい》薬局もやっています。医師も看護師も派遣《はけん》できるわけです。

あるビルメン会社はセレモニーホールの管理とともに葬儀《そうぎ》もやっています。ならば、建物そのものをつくっても良いじゃないかとなり、高齢者施設《こうれいしせつ》のビルなどはビルメンテナンス会社が建てるところがあります。

建物はいつも動いています。それに対してサービスをする。ビルの中で人を案内する受付係の仕事も、ビルメン会社で請《う》け負うようになってきています。テナントの他、売店、コンビニエンスストア、社員食堂、トイレ、図書室、庭など働いている人たちがいろいろな形でビルを利用します。そういったサービスを私たちが代替《だいが》えでユニットごとやりましょうということです。

人が生活していることそのものが、全部ビルの中に凝縮《ぎょうしゅく》されています。寝《ね》て起きてご飯を食べてという、ある意味で衣食住に関してのもの全部がビルの中に入っています。ビルメンを狭《せま》くとらえないで、もう少し広くとらえたものを再定義化して打ち出して行くと、相当な広がりをもつことになると思います。そういった視点をもっているかどうかが重要であり、応用力のある会社が今伸《の》びています。

国に対しても、建物ライフコストを考えると、設計チームよりも、われわれメンテナンスのほうが、比重が大きいわけで、安全衛生をつかさどっているのは、その国の文化のレベルが基準です。それを担ってきたのがビルメンテナンスだという自負があります。

若い人にとても期待しています。

適性と心構え

技術職ともいえるがサービス業であることを忘れずに

人間が好きなほうが務まる

まずは、建物や設備が好きな人というよりも、人間が好きな人のほうが務まります。この仕事は難しい電気やボイラー、空調の操作・運転・管理という面もありますが、むしろ主体はサービス業です。

「ビルメンテナンス」が政府統計として取り上げられたのは、1967年の自治省《じち》（現・総務省《そうむ》）による「日本標準産業分類」改定によってであり、大分類「建物サービス業」の分類に含《ふく》まれるとされました。1993年には小分類「建物サービス業」の細分類「ビルメンテナンス業」として新設され単独分類（8641）されました。総務省最新2013年10月改定の「日本標準産業分類」では922「建物サービス業」の細分類9221「ビルメンテナンス業」と9229「その他の建物サービス業」に分かれました。従って技術者であると同時に「サービススタッフ」であり、奉仕《ほうし》、おもてなしの仕事といえます。ビルメンは「脚立《きゃたつ》と笑顔《えがお》」といわれるのはそのためです。

ビルメンテナンスの仕事は、大きく分けてビルメンテナンス業と、その発展形としてのビルマネジメント業との2つに分けられます。

その誕生《たんじょう》から清掃《せいそう》で始まったビルメンテナンス業は、警備業、設備管理業と幅《はば》を広げて現在に至っていますが、電気や水道、空調、熱源などの設備管理（点検から大規模修繕《しゅうぜん》まで）を行なうビルの用務員さん、何でも屋さんといった仕事です。「ビルメン4点セット」などの資格取得が必要です。

これがさらに、上級段階の「ビルマネジメント」になると、資格もまた上級の「ビルメン三種の神器（148ページ参照）」などを求められ、ビルのオーナーのマネージャー的存在としての役割が求められます。オーナーとの密接な話し合いや的確な助言が必要でもあり、ビルの運営を担当し、営業や経理、事務、さらには省エネの実現、収益の確保までをもする仕事です。「作業のビルメンテナンス、統括《とうかつ》のビルマネジメント」ともいわれます。

どこまで進むか、どちらをめざすかは、機械系か電気系かによってもまた違《ちが》いが生じますが、選択肢《せんたくし》の幅《はば》は広いということです。

さまざまな資格・各社の研修制度

たくさんの資格が必要となるがまずは「危険物」の資格から

多岐《たき》にわたる資格の種類

ビルメンテナンスは、業務内容の幅《はば》が広く、関連法規も多岐《たき》にわたっているため、多様な知識と資格が要求されます。その法規ですが、日本におけるビルメンテナンスの法律として、「建築物における衛生的環境《かんきょう》の確保に関する法律」が、1970年4月14日に公布（10月13日施行《しこう》）されました。

通称《つうしょう》「建築物衛生法」「ビル衛生管理法」「ビル管法」とも呼ばれるビルメンテナンスにおける基本法です。2003年にこの通称《つうしょう》「ビル衛生管理法」は改正されました。厚生労《こうせいろう》働《どう》省のホームページによるとつぎの記述があります。

「我《わ》が国では、戦後の経済発展、人口の都市への集中、建築技術の目覚ましい進歩等に伴《ともな》って、都市部を中心に大規模な建築物が数多く建設され、そのような建物の中で一日の大半を過ごす人々が飛躍《ひやく》的に増大した。生活や活動の場である建築物は、安全性はもとより、健康で衛生的な環境《かんきょう》が保持されていなければならない。建築物における衛生的環境《かんきょう》の確保は、建築物の設計・施工《せこう》と維持《いじ》管理が併《あわ》せて適切に行われることにより達成されるが、建築物の構造や用途《ようと》が多様化している今日にあっては、日常の維持《いじ》管理の寄与《きよ》度が大きいことは言うまでもない。

建築物における衛生的環境の確保に関する法律（略称《りゃくしょう》・建築物衛生法）は、不適切な建築物の維持《いじ》管理に起因する健康への影響《えいきょう》事例が昭和30年代にいくつも報告されたことを受け、建築物の維持《いじ》管理に関し、環境《かんきょう》衛生上必要な事項《じこう》等を定めることにより、建築物における衛生的な環境《かんきょう》の確保を図り、公衆衛生の向上及び増進に資することを目的として、昭和45年に制定されたものである。

この法律が施行《しこう》されてから30年余が経過し、この間、建築物の衛生水準が著しく向上したことは多くの人が認めるところであるが、（中略）今般《こんぱん》の改正政省令の公布に至ったものである」

この法律により現在は「建築物環境《かんきょう》衛生管理技術者（＝ビル管理技術者）」「貯水槽清《ぼうすいそうせい》掃《そう》作業監督《かんとく》者」「清掃《せいそう》作業監督《かんとく》者」「空気環境《かんきょう》測定実施《じっし》者」「防除作業監督《かんとく》者」「統括《とうかつ》管理

者」「ダクト清掃《せいそう》作業監督《かんとく》者」「空調給排水《きゅうはいすい》管理監督者」「飲料水水質検査実施《じっし》者」「病院清掃受託《せいそうじゅたく》責任者」の10の国家資格が義務づけられています。

この「建築物における衛生的環境《かんきょう》の確保に関する法律」の他に、ビルメンテナンスの上での関連法規としては、以下の16の法規があげられます。

①建築基準法、②建築士法、③建設業法、④消防法、⑤労働安全衛生法、⑥水道法、⑦下水道法、⑧浄化《じょうか》槽法、⑨廃棄《はいき》物の処理及《およ》び清掃《せいそう》に関する法律、⑩ガス事業法、⑪エネルギーの使用の合理化に関する法律（省エネルギー法）、⑫電気事業法、⑬水質汚濁《おだく》防止法、⑭騒音《そうおん》規制法、⑮大気汚染《おせん》防止法、⑯駐車《ちゅうしゃ》場法。

公益社団法人全国ビルメンテナンス協会（以下ビルメン協会）が「技術資格保有状況」を協会員の各社から毎年調査しているのは、２０１６年現在、図表7の30の資格です。

ビルメンテナンスに関する資格は、どの資料や本を見ても、かなり広範囲《こうはんい》に書かれてあり、いったいどの程度が目安なのかさえ判別《はんべつ》がつきにくいほど複雑です。消防設備士だけでも、甲《こう》種1～5類および特類と乙《おつ》種1～7類の計13種が分類されていて、資格ごとの分類を数え上げると、少なくとも１００種類は存在します。

また、２０１４年3月に発行された『ビルメンテナンス業における「仕事の体系」の整備等に関する調査研究』（職業《しょくぎょう》能力《のうりょく》開発《かいはつ》総合《そうごう》大学校基盤《きばん》整備センター著／独立行政法人

図表7 ビルメンテナンス協会「技術資格保有状況」にある30の資格

1＝ 5　建築物環境衛生管理技術者（＝ビル管理技術者）
2＝ 1　ビルクリーニング技能士
3＝21　ビル設備管理技能士（1級、2級）
4＝ 2　清掃作業監督者
5＝ 4　建築物清掃管理評価資格者（1級、2級P・M）
6＝ 7　空気環境測定実施者
7＝12　空気調和用ダクト清掃作業従事者
8＝ 9　飲料水水質検査実施者
9＝ 8　貯水槽清掃作業監督者
10＝10　排水管清掃作業監督者
11＝11　防除作業監督者
12＝ 6　統括管理者
13＝13　空調給排水管理監督者
14＝27　警備員指導教育責任者（新、旧）
15＝28　機械警備業務管理者
16＝29　施設警備業務検定（1級、2級）
17＝24　建築士（一級、二級、木造）
18＝14　電気主任技術者（第一種、第二種、第三種）
19＝15　電気工事士（第一種、第二種）
20＝17　冷凍機械責任者（第一種、第二種、第三種）
21＝16　ボイラー技士（特級、一級、二級）
22＝33　エネルギー管理士
23＝34　エネルギー管理員
24＝18　消防設備士（甲種、乙種）
25＝19　消防設備点検資格者（第一種、第二種）
26＝26　危険物取扱者（甲種、乙種、丙種）
27＝25　防災センター要員
28＝32　ファシリティマネジャー
29＝30　管理業務主任者
30＝ 3　病院清掃受託責任者

高齢《こうれい》・障害《しょうがい》・求《きゅう》職者《しょくしゃ》雇用《こよう》支援《しえん》機《き》構《こう》発行）によると、34の技術資格が記されています。

同書による「業務の5つの柱」は、①環境《かんきょう》衛生管理（清掃《せいそう》・給排水《きゅうはいすい》・害虫駆除《くじょ》）、②設備管理（電気・空調・消防・エレベーター）、③建物・設備保全（点検・エネルギー管理）、④警備・防災（防火防災・駐車場《ちゅうしゃじょう》）、⑤管理（業務管理・管理サービス）、です。

この34の資格をビルメン協会の業務分類による6つのカテゴリー（AからF）に振《ふ》り分けると、図表8の通りとなります。他に取得するならば16の資格を加えて、以下の50程度が目安であろうかと私は考えます。しかし、本気で仕事に取り組もうとするならば、資格ばかりを追求していては本末転倒《てんとう》となります。

図表7の30の資格で、それぞれに付している右の番号は、図表8の50の資格を示した「ビルメンテナンス業技術資格一覧表」に対応する数字です。

ビルメン協会の会員各社で、図表7の30の資格のうち、もっとも保有者の割合が多いのは、危険物取扱《とりあつかい》者で30パーセントです。つぎに多いのが電気工事士とボイラー技士の25パーセントです。さらに消防設備士が19パーセント。ビル管理技術者と冷凍《れいとう》機械責任者の13パーセントが続きます。この30の資格のうち、もっとも保有者の割合が低い資格は、0・2パーセントの飲料水水質検査実施《じっし》者ですが、人気が低いというよりは、資格保有を求められる機会が他に比べて少ないということです。

まずは「危険物」の資格を

どういう順番で資格を取得していくかということですが、まず登竜門《とうりゅうもん》としての「危険

図表8 ビルメンテナンス業技術資格一覧

主な業務	技術資格名
A　環境衛生管理業務	1ビルクリーニング技能士　2清掃作業監督者　3病院清掃受託責任者　4建築物清掃管理評価資格者（1級、2級P・M）　5建築物環境衛生管理技術者（＝ビル管理技術者）　6統括管理者　7空気環境測定実施者　8貯水槽清掃作業監督者　9飲料水水質検査実施者　10排水管清掃作業監督者　11防除作業監督者　12空気調和用ダクト清掃作業従事者　13空調給排水管理監督者
B　設備管理義務	14電気主任技術者（第一種、第二種、第三種）　15電気工事士（第一種、第二種）　16ボイラー技士（特級、一級、二級）　17冷凍機械責任者（第一種、第二種、第三種）　18消防設備士（甲種、乙種）　19消防設備点検資格者（第一種、第二種）　20昇降機検査資格者　21ビル設備管理技能士（一級、二級）
C　建物・設備保全業務	22特殊建築物等調査資格者　23建築設備検査資格者　24建築士（一級、二級、木造）
D　警備・防災業務	25防災センター要員　26危険物取扱者（甲種、乙種、丙種）　27警備員指導教育責任者　28機械警備業務管理者　29施設警備業務検定（1級、2級）
E　その他の管理業務	30管理業務主任者（一般社団法人マンション管理業協会）31ビル経営管理士　32ファシリティマネジャー
F　建築物のエネルギー管理業務	33エネルギー管理士　34エネルギー管理員
さらに取得するなら	35電気主任技術者認定　36電気通信主任技術者　37電気工事施工管理技士（1級、2級）　38高圧電気工事技術者　39工事担任者　40管工事施工管理技士（1級、2級）　41建築施工管理技士（1級、2級）　42ボイラー整備士　43衛生管理者（第一種、第二種）　44マンション管理士　45宅地建物取引士　46土木施工管理技士（1級、2級）　47測量士（補）　48防火対象物点検資格者　49公害防止管理者　50技術士（補）

物」があります。

危険物取扱者のなかの「乙《おつ》種第4類」（通称《つうしょう》「危険物乙《おつ》4」）という資格です。元々は1917（大正6）年に大阪府危険物品取締《とりしまり》規則が制定され、危険物品の貯蔵場に取扱《とりあつかい》主任者を置き届け出ることとし、1936年にこの規則が改正され、危険物品取扱《とりあつかい》主任者の免状《めんじょう》に甲《こう》種と乙《おつ》種が設けられました。1948年に消防法が制定され、1959年の消防法一部改正により、取扱《とりあつかい》主任者を危険物取扱主任者に改称し、都道府県知事の行う危険物取扱《とりあつかい》主任者試験に合格した者に免状《めんじょう》を交付することとなりました。2014年度までは毎年約50万人が受験していました。

「危険物乙《おつ》4」は、ビルメンテナンスでの登竜門《とうりゅうもん》的資格ですが、ビルメンテナンス以外の職種にも当然必要なものです。

「危険物乙《おつ》4」とは、乙《おつ》種の4番目の「類」です。乙《おつ》種は全部で6種類あり、1類＝酸化性固体、2類＝可燃性固体、3類＝自然発火性物質及《およ》び禁水性物質、5類＝自己反応性物質（＝内部燃焼爆発物）、6類＝酸化性液体で、乙《おつ》4類に当たるものは「引火性液体」です。つまりこの引火性液体の取《と》り扱《あつか》い・管理をできるのが「危険物乙《おつ》4」という資格です。

引火性液体には7種類あります。二硫化炭素などの特殊《とくしゅ》引火物、ガソリンやトルエンなどの第1石油類、灯油、軽油などの第2石油類、重油、グリセリンなどの第3石油類、シリンダー油などの潤滑油《じゅんかつゆ》に類する第4石油類、エタノールなどのアルコール類、そしてヒマシ油、ナタネ油などの動植物油類。以上の7種類です。

これらの液体を取り扱《あつか》うガソリンスタンドでの勤務やタンクローリーの運転手に必要なのはもちろん、薬品工場や金属精錬《せいれん》工場など右記の引火性液体を扱《あつか》う施設《しせつ》での管理、そしてビルの設備管理や分譲《ぶんじょう》マンションのグランドマネージャー、アシスタントマネージャーとして働くさいにも、この資格の取得が必要になります。

このビルメンの登竜門《とうりゅうもん》といわれ、いちばん試験がやさしいといわれている「危険物乙《おつ》4」でも、きちんと勉強しないと全く手も足も出ません。就職してからの勉強では負担となり、学生時代に取ることをお勧めします。

「危険物乙《おつ》4」は、国家資格で人気があり多数の受験者数がありながら、全体で平均3割を切るという合格率の低い資格です。

この最初の試験の、努力と実力に見合った合格が、その後の道筋を決めていくともいえます。その後、ボイラーや電気の試験を受けるにしても、一般《いっぱん》の大学入試とはまた別の難しさ、複雑さがこの試験には含《ふく》まれており、その訓練ともなります。

たとえば試験問題に現れる言葉で、「10日以内に」などという数字のはっきりしているものはいいのですが、「速やかに」「遅滞《ちたい》なく」「遅延《ちえん》なく」「直ちに」などはそのままを覚えるしかありません。

あるいは「交付」「認可」「許可」「承認」「届出」の違《ちが》い、それらの申請《しんせい》先が「総務大臣」「都道府県知事等」「市町村長等」「所轄《しょかつ》消防長・消防署長」「製造所等の所有者」とこれもそれぞれ違《ちが》いがあり、そのまま覚えなければなりません。ボイラーの試験においても、これがさらに別の顔を現わします。

「危険物乙《おつ》4」における「常温」とは、20℃のことであり、これがボイラー技士試験（以下【ボイラー】）での「常温」となると、25℃となります。同じ語でも意味が違うのです。というよりも別々にそれぞれ定義されているのです。日本工業規格での「常温」は20℃±15℃の範囲《はんい》になります。

燃焼の三要素は、「危険物乙《おつ》4」では、可燃物、酸化供給源、点火源の3つですが、【ボイラー】においては、燃料、空気（酸素）、温度（着火源）と言葉が微妙《びみょう》に違《ちが》います。そして、【消防設備士】においては、「可燃物」「酸素」「温度」と、もっとはっきり表現されています。【自衛消防技術試験】では、「可燃物」「酸素」「熱源」となります。それぞれがイメージする具体的な形もまた、言葉が違《ちが》う以上は「違《ちが》うもの」であるはずです。

「引火点」もまた、それぞれ違《ちが》います。「危険物乙《おつ》4」では「可燃性液体が燃焼する濃度《のうど》の蒸気を発生する最低温度」であり、【ボイラー】では「液体燃料を加熱すると蒸気が発生し、これに小火炎《しょうかえん》を近づけると瞬間《しゅんかん》的に光を放って燃え始める最低温度」となります。

亡失や破損による免状《めんじょう》の再交付についても、「危険物乙《おつ》4」では、申請《しんせい》先の都道府県知事は、免状《めんじょう》交付の知事と「免状《めんじょう》を書き換《か》えた」知事の両方が可で、亡失免状《めんじょう》を発見した時は旧免状《めんじょう》を10日以内に再交付の知事に返却《へんきゃく》。しかし、【ボイラー】の場合「ボイラー検査証を損傷した時」は、「ボイラー検査証」の再交付を、所轄《しょかつ》労働基準監督《かんとく》署長から設置者が受ける。【消防設備士】の場合は、免状《めんじょう》を亡失した場合は、〈「交付又《また》は書き換《か》えをした」都道府県知事に再交付の申請《しんせい》を行い、免状《めんじょう》を「亡失した場合」ではなく「発見した場合」には、10日以内に再交付の申請《しんせい》を行わなければならない〉となります。

ビルの資格の4点セット

ビルメンテナンスでは、試験においても、その仕事の世界をのぞき見るにしても、すべてのはじまりが危険物の資格で、「まず危険物より始めよ」の世界です。

そして、ビルメン4点セットといわれる資格があります。それは先の「危険物取扱《とりあつかい》者乙《おつ》種第4類」のほかに「二級ボイラー技士」「第二種電気工事士」「高圧ガス製造保安責任者（第三種冷凍《れいとう》機械）」です。

これが就職にも、就業にも最初の段階でもっとも有利に働く資格といわれています。

さらにいくつもの資格を受験していくわけですが、一年に1回だけの試験も多く、受験資格にはさまざまな条件があり、実務経験年数などもそれぞれに存在するため、取得に時間がかかることも事実です。

ここで資格について少々説明を加えます。

ビルメンテナンスの仕事は、建物の設備、資産価値、エコ基準を満たすかどうかのチェック、および地域防災も含《ふく》めた環境《かんきょう》衛生に配慮《はいりょ》した安楽、快適な状態に維持《いじ》するためのさまざまな業種とのコミュニケーション、及《およ》び広範囲《こうはんい》にまたがった包括《ほうかつ》的な知識と内容が要求されます。そのためにはマルチな知識と経験、技術は必要なのですが、オールラウンドプレーヤーを求められているわけではありません。その範囲《はんい》すべてをカバーするには広過ぎ、また資格取得も、年数がかかり過ぎてしまうため、どうしてもある程度専門化することになります。おおまかに分けて、電気系統に強い人がまず求められ、同時に、電気系統以外についての広範《こうはん》な知識をもった人が求められます。これらは、別々に「強化」していくしかなく、二刀流というわけにはいきません。

まず電気については、ケーブル工事や碍子《がいし》工事でなくとも、配水管工事であれ、ダクト工事であれ、エレベーター工事であれ、ガス工事であれ、いずれの場合もかかわってきます。みずからは立ち会いだけの場合であっても、より深く知識が求められるわけで、資格もその知識もきりがないと言えます。どんどんとたくさんの新しい法律と規格、新資材、新素材などが現れて、進歩とともに資格取得し、かつ併走《へいそう》していくしかありません。

一方で、ビル自体のエコ化、地域との連携《れんけい》、多様な利用のされ方、コミュニケーション、協働作業、見える化、共有化を図る上で、電気以外の全体を包みかつ他分野との越境《えっきょう》した知識が必要となってきています。

その意味で、ビルメンテナンスの仕事が、それぞれの会社において、2系統の役割分担となっている傾向《けいこう》が現状です。

さらに、その両者において、資格取得の道筋には、方法論があります。

1、難しくない資格から取る

受験条件に制限のない資格や実務経験を不要とする資格であっても、難しければ、負担となる。最初は簡単な資格から取って、知識と経験と受験の手順などを積み上げていく。

2、必要な資格から取る

その資格をもっていなければ、現場に就くことができない資格があるため。

3、受験資格受講条件を満たす資格から取る

受験資格・受講条件を満たさなければ受験・受講できない。

4、現在の仕事に活かせる資格から取る

資格の内容が身について現場で役に立つ資格がもっとも重宝し、やりがいにもつながり、つぎの資格受験のモチベーションも上げていくことになります。

以上を踏まえて、Aから最終目標のIまでについて、以下2系統の資格の取り方の一例を示します。

【電気系技術者】をめざす場合

A＝乙《おつ》種第4類危険物取扱者

←

B＝第二種電気工事士↓第一種電気工事士

←

C＝乙《おつ》種第4類消防設備士

←

D＝第三種電気主任技術者

←

【機械系技術者】をめざす場合

A＝二級ボイラー技士

←

B＝乙《おつ》種第4類危険物取扱《とりあつかい》者

←

C＝一級ボイラー技士及《およ》び第三種冷凍《れいとう》機械責任者

←

D＝乙《おつ》種第1類消防設備士

←

E＝二級ボイラー技士及《およ》び第三種冷凍《れいとう》機械責任者
←
F＝建築物環境《かんきょう》衛生管理技術者（＝ビル管理技術者）
←
G＝エネルギー管理士（電気）
←
H＝第二種電気主任技術者→第一種電気主任技術者
←
I＝技術士（電気・電子）

E＝第二種電気工事士
←
F＝建築物環境《かんきょう》衛生管理技術者（＝ビル管理技術者）
←
G＝エネルギー管理士（熱）
←
H＝特級ボイラー技士
←
I＝技術士（機械）

電気系においては、「第三種電気主任技術者（電験三種）」「建築物環境《かんきょう》衛生管理技術者（＝ビル管理技術者）」「エネルギー管理士（電気）」が三種の神器と呼ばれ、機械系においては、「建築物環境《かんきょう》衛生管理技術者（＝ビル管理技術者）」と「エネルギー管理士（熱）」

がひとつの到達点《とうたつ》といわれています。そこから進むべき分野別に、さらにステップアップの資格に進んでいきます。ビルメンテナンスの資格の種類と数は永遠に広がるといわれ、道のりは死ぬまで続くと考えてもよいものですが、楽しみながら一生（休みながらも）つきあうことを考えての職業といえます。電気系技術者をめざすにしても、機械系技術者をめざすにしても、高度資格が待ち構えており、終わりのない旅です。

しかし、資格は裏切りません。使ってもなくならない無形の財産であり、もっていても損はない知識の貯蓄《ちょちく》であり、困った時の引き出しでもあります。仕事を励行《れいこう》する中で、資格の大海の波をかき続ける多くの先人、そして同輩《どうはい》たちがいます。

以上「三種の神器」といわれる3つの資格でありますが、必要勉強時間は、いずれも毎日2時間、休日に4時間、これを1年間要するといわれています。つまりは約970時間です。

各社の研修制度

●資格取得について

必要な資格は、多くの場合、会社で取らせてもらえます、受講費も会社負担で、出勤扱《あつか》いとなります。

資格取得のたびに、資格手当がつき、給料に反映されます。会社によって、また資格の種類によって、金額も上限等もさまざまですが、基本的に、資格取得するほうが会社にとっても、社員個人にとってもスキルアップと同時に有益な財産です。

むしろ資格取得の連続で、勉強との並行《へいこう》が大変な会社もありますが、仕事の仕方は各人の自由です。あれもこれも取得するとなると「キリが無い」のがビルメンテナンスの世界といわれており、資格マニアや資格の鬼《おに》に悩《なや》まされないよう、余裕《よゆう》をもって勤務することも大事です。

資格の取り方には2種類あり、同じ資格でもまた、2通りあるものがあります。ひとつは「講習を受けて取得する資格」で、もうひとつは、「試験を受けて取得する資格」です。

前者の費用は、かなり高額ですが、多くは講習を真面目《まじめ》に受けると取得できるものです。たとえば、(1)「空気環境《かんきょう》測定実施者《じっし》」は5日間で9万円。(2)「防災センター要員講習（技術講習）と自衛消防業務新規講習」は2日間で3万5100円。(3)「消防設備点検資格者」は3日間で3万1800円または2万9800円。(4)「建築設備検査資格者」は4日間で1万8000円から5万1840円などとなっています。これらにはかなり厳しい受講資格があり、たとえば(1)は、5年以上建築物における空気環境《かんきょう》の測定に関する実務に従事した経験を有する者などの条件があり、(4)は、4年制大学で正規の建築学、機械工学もしくは電気工学等の課程を卒業し、建築設備に関して2年以上の実務の経験を有する者、または建築設備に関して11年以上の実務経験などです。

そして後者の「試験を受ける資格」については、これが実は全体の8割ほどを占《し》めているのですが、年に1回あるいは数回の試験日があり、前者と同じように、実務経験とそれに類する学歴に基づく受験資格があって、かなりの勉強をしなければ合格できません。

前者に関しては会社負担で出勤扱《あつか》いとなりますが、後者の試験は、合格した場合に受験料を負担するという会社が多いようです。

ただし、後者の試験を受けて資格取得した場合は種類によって、会社から「お祝い金」が出たりもします。

また、試験、講習いずれでも取ることのできる資格というものがあります。たとえば「建築物環境《かんきょう》衛生管理技術者」は、年に1回の受験料は1万3900円ですみます。ただし合格率は20パーセント前後、低い時は10パーセントを切ります。これに対して、講習で取得の場合は、受講期間は約3週間で費用は10万8800円（令和2年度）となっていて、受講資格は学歴によるものと、免許《めんきょ》によるものがあり、学歴は、理系の4年制大学を卒業して1年以上の実務経験や、高校の場合は工業科での卒業でかつ5年以上の実務経験などとなっています。免許《めんきょ》による受講資格は、第一種冷凍《れいとう》機械責任者免状《めんじょう》や特級ボイラー技士免許《めんきょ》、第一種・第二種電気主任技術者免状《めんじょう》では実務経験1年以上、1級ボイラー技士免許《めんきょ》ならば実務経験4年以上などとなっています。

これらの資格取得が、段階的に発生、または必要となってきますが、必要な資格は、最初の入社時期に、研修中に取得できるようになっている会社が多いです。

●社内研修の実際

研修制度ですが、1章で紹介した新津春子《にいつはるこ》さんが勤める日本空港《にほんくうこう》テクノは、入社直後、新入社員研修に参加します。ビジネスマナーや空港施設《しせつ》・設備などについてレクチャーを受け、仕事の基本から学びます。その後はジョブローテーションでそれぞれの部署を経験し、建築技術、電気技術、機械技術、通信・情報技術、環境《かんきょう》技術など、1つの設備に限定されることなく、幅広《はばひろ》い知識やスキルを身につけていくことになります。

同様に1章で紹介《しょうかい》した高橋正人《たかはしまさと》さんが勤める東武ビルマネジメントでは、「人材育成」を会社の要としており、新入社員研修から始まって、1年目、2年目と専門研修はもちろん、ビジネスマナーやコンプライアンス研修等を行っています。新入社員だけでなく、各役職ごとにもさまざまな研修を行い、管理者になるための教育も充実《じゅうじつ》させています。2014年には、春日部《かすかべ》研修センターを竣工《しゅんこう》し、より各部門技術に特化した研修も実施《じっし》しています。

また、第一ビルメンテナンスも２０１０年に目的別に3つに区分けされ研修センターを開設しました。

従業員数が2万人以上いる太平《たいへい》ビルサービスは、研修期間が6カ月間と充実《じゅうじつ》しています。

１９９３年、ビルメンテナンス業界初の社内資格制度「ビルクリーニング社内資格制度」を採用したのが、宮城《みやぎ》県仙台《せんだい》市に本社のある石井《いしい》ビル管理《かんり》です。ビルクリーニングに続き、警備員の資格制度「ＳＰ社内資格制度」も導入しています。また同社の研修センターでは、社外向けの研修、講習も行っています。

愛知《あいち》県名古屋《なごや》市に本社のあるコニックスもまた、自社はもちろん、各企業《きぎょう》向けに研修を実施《じっし》しています。

オール商会の教育研修制度は、新人研修、フォローアップ研修、設備研修、警備研修、清掃《せいそう》研修、マナー研修、管理者研修、リーダー・責任者研修と充実《じゅうじつ》しており、クリーニング技能士を社内養成するビルクリーニング予備校もあります。

2章で紹介《しょうかい》した平良《たいら》一樹《かずき》さん、北原《きたはら》来生《らい》さんが勤めるハリマビステムでは、入社1年目の新入社員を対象に、入社時研修・フォローアップ研修を実施《じっし》し、また入社2年目以降の社員を対象とした研修も、より実践《じっせん》的なスキル・知識の習得を目指す研修プログラムの他、マネジメントスキルの底上げにつながる「階層別研修」も実施《じっし》しており充実《じゅうじつ》しています。

進学について

工業系への進学が有利
職業訓練校という選択も

進学についてですが、中学生にとっては、高校を普通《ふつう》科にするか、工業高校などにするかという点で、迷うでしょう。あらかじめビルメンテナンスに照準を定めるというならば、工業系や高等専門学校はかなり有利に働きます。

図表9は、２０１５年度の第二種電気工事士試験の結果発表をもとに、雑誌『工事と受験』（電気書院）編集部で、上期・下期（どちらかしか受験できません）全国５２４校にアンケートした結果をまとめたもののベストテンまでを記したものです。

ベストテン以外にも、大阪《おおさか》府立藤井寺《ふじいでら》工科高等学校は98名合格で合格率が82・4パーセント、群馬《ぐんま》県立伊勢崎工業高等学校は81名合格の93・1パーセントの合格率、宮崎《みやざき》県立小《こ》林《ばやし》 秀峰《しゅうほう》高等学校と山口《やまぐち》県立南陽《なんよう》工業高等学校はともに46名合格で93・9パーセントの合格率。兵庫《ひょうご》県立姫路《ひめじ》工業高等学校が40名合格の93パーセント、北海道苫小牧《ほっかいどうとまこまい》工業高等学校

図表9 2015年度第二種電気工事士試験結果

順位	工業高校および高等専門学校	合格者数（人）	合格率（%）
1位	長崎県立鹿町工業高等学校	156	82.5
2位	福岡工業大学附属城東高等学校	147	92.5
3位	名古屋工業高等学校	146	50.5
4位	大阪府立淀川工科高等学校	139	85.8
5位	大阪市立都島工業高等学校	139	72.8
6位	茨城県立下館工業高等学校	129	81.6
7位	長崎県立長崎工業高等学校	125	89.9
8位	長崎県立佐世保工業高等学校	124	72.9
9位	静岡県立浜松工業高等学校	114	68.3
10位	宮城県工業高等学校	111	60.0

『工事と受験』（電気書院）による全国524校アンケート（上位10校）

と神戸《こうべ》村野《むらの》工業高等学校は、36名合格ながら合格率はそれぞれ97・3パーセントと92・3パーセント、福井《ふくい》県立科学《かがく》技《ぎ》術《じゅつ》高等学校が35名合格の94・6パーセントで、広島《ひろしま》県立広島《ひろしま》工業高等学校は86名合格の90・5パーセント、そして福井《ふくい》県立武生《たけふ》工業高等学校は33名で100パーセントの全員合格等が目を引きます。試験合格のための優良学校を推奨《すいしょう》するわけではありませんが、工業系への進学がビルメンテナンスの仕事に就いた時には比較的《ひかくてき》有利といえるでしょう。

　また、専門学校や工業系の大学への進学も考えられます。

　さらにハローワークと連携《れんけい》した、都道府県の職業訓練校もあります。実は、ビルメンテナンス関係の訓練校は、近年いずれも若年者高年齢者《こうねんれい》問わず、多くの人が受験し、倍率が2～7倍と非常に高くなっています。さまざまな年代の人が集まるので就職に関しては、世間知らずでいきなり入っていくよりも有益な場合があります。就職率も業務を特化している分だけ、有利に働くようです。

他に勤務後、期間を経てから独立、あるいはビルメンテナンスの仕事をさらに発展させての仕事もあります。

一般《いっぱん》社団法人日本《にほん》ボイラ協会《きょうかい》や各都道府県の公益社団法人高圧《こうあつ》ガス保安協会《ほあんきょうかい》、各地域の電気保安協会など各種協会に入るという道です。

また職業訓練指導員となる道もあります。

職業能力開発校は都道府県各地に多数設置され、ビルメンテナンス関係の科も充実《じゅうじつ》しています。「ビルメンテナンス科」「電気工事科」「ビルクリーニング科」「ビル管理科」「ビル管理技術・業務スタッフ養成科」などがビルメンテナンスのコースに当たります。

就職の実際

変わりゆく業界 会社の大小にとらわれずに選ぼう

変わりゆく業界

現在、全国ビルメンテナンス協会の会員数は、2800ほどですが、会員以外の会社を含《ふく》めると、全国に約6000社と推計されています。

ビルメンテナンス業界は、他の業界と違《ちが》って、学歴等の入社制限がほぼありません。大手企業《きぎょう》と、中小、零細企業《れいさいきぎょう》のあいだの差はあまりなく、ほかの業界のように寡占《かせん》が進んではいません。実力社会であり、資格と経験があれば、どこでも入社することが可能な世界です。入社後はほぼ同じような職務内容に従事しており、ビルの質に差がついているとすれば、築年数と、地域冷暖房《れいだんぼう》の地域であるか否かというぐらいで、まだまだその意味では、職場内でのブランド化が進んでいないともいえます。

また、ビルメンテナンスからビルマネジメントに移行すれば話は別ですが、ビルメンテナンス業界は、最初の段階では、どこも給料は似ており、現場での扱《あつか》いも素人《しろうと》の一年生で、「現場自体が学校」でもあり、取る資格が多いというのが特徴《とくちょう》です。

いかようにも伸長《しんちょう》のチャンスがあり、また、若ければ入社のチャンスがかなり広範囲《こうはんい》にありますｊ。零細企業《れいさいきぎょう》であっても、労働条件や待遇《たいぐう》面で、大手と遜色《そんしょく》ないことが多いというのが長所と言えます。会社の規模によりあまり左右されません。

しかも、日本全体で不況《ふきょう》が続くなか、全国ビルメンテナンス協会「実態調査」資料によると、平成25年度（２０１４年3月現在）、ビルメンテナンス業界の売上高は、史上最高の3兆６６０６億円で（ちなみに映画業界の平成25年度売上高６７０３億円の5倍以上です）、２０１7年現在も、東京を中心とした都市型の業界で、２０２０年東京オリンピック・パラリンピック景気によるビル建設ラッシュがホテルを中心に進んでおり、それにともなうように、「売り手市場」となっています。

現在、この業界は、大手ゼネコン系でも、年に１００人以上の中途《ちゅうと》採用を採用しているといった、慢性的《まんせいてき》な人手不足で、あらゆるところに、今やもっとも広く存在する間口と言える業界かもしれません。都市の大学は、ほぼビルメンテナンス会社によって管理されていますが、そこの学生をそのままメンテナンス会社に採用する会社もあります。

会社の選び方

どのビルをどの会社が担当しているのか。そこを見極めることも大切です。業界の大半は中小企業《きぎょう》が多く、100人未満の企業《きぎょう》が半分を占《し》めています。それでいて、国などの公共機関のメンテナンスの仕事を、従業員5、6人の会社が一手に請《う》け負ってい る場合もあります。また、大手系列会社が請《う》け負っていても、会社からは1、2人が常駐《じょうちゅう》するのみで、それ以外は、下請《したう》け会社が管理の中心を担うという場所が多くあります。その仕事の発注は、企業《きぎょう》規模が小さくても、比較的《ひかくてき》自由に入り込《こ》むことができるので、早い時期に業界に入って、起業をするという道筋は、他の業界以上に身近に存在します。

また、売上高の約半分が東京に集中する都市型産業であるという特色は、東京を今後どうしていくかという問題を、みずからが担うということでもあります。

原価構成の約6割が人件費となる「労働集約型産業」というビルメンテナンス業界は、そのサービスの質によって抜《ぬ》け出せるわけで、他の業界にはないプラスアルファをサービス、技術、オプション、考え方でも打ち出すことができれば、ビルを舞台《ぶたい》にいくらでも伸《の》びていく、そういう可能性が多い世界です。

人数そのものも不足していますが、技術力のある「よき」人材、また、現在リタイヤ間近の年齢層《ねんれい》の人たちも多いため、若く、今後を担う人が求められています。

気の合う仲間で独立する企業《きぎょう》もしかりですが、「流れ板」と言われる各地を転々とする板前さんのように、あるいは人気テレビドラマ「ドクターX」に描《えが》かれる賞金稼《かせ》ぎ的な〝渡《わた》り鳥医師〟のように、組織や会社に属さない一匹狼《いっぴきおおかみ》の、「請負業《うけおい》」的なビルメンテナンスマンという者も、今後現れる可能性はあります。

その場合、ビルメンテナンスに関して言うと、チームで行う作業が多いこともあって、一人の天才的な技術というよりは、どのような集団にもマッチさせられるような人間性のスキルや力量を身につけた人物ということになります。

会社によってさまざまな形態がある

給与《きゅうよ》水準も、仕事の内容も、みずからが入っていくことでまだまだ変化し、改善することのできる要素が多くある世界です。初期投資が軽微《けいび》ですむアウトソーシング業務であり新規参入がしやすく、その意味で仕事の可能性の宝庫といえます。

雇用《こよう》形態、勤務形態、能力制度や資格の扱《あつか》い方などは自分たちで変えていける余地がかなり残っている業界であり、長期的な視点で見て、「変えていく」という姿勢の未だ許される段階の若い業界でもあります。

図表10 スーパーゼネコン系列の会社

ビルメンテナンス会社	親会社	従業員数	主な管理物件	設立年
㈱シミズ・ビルライフケア	清水建設㈱	1804名	銀座和光ビル、東京国立近代美術館フィルムセンター、農林水産省、京橋エドグラン、西新井大師總持寺	1986年
㈱アサヒ ファシリティズ	㈱竹中工務店	1618名	大手センタービル、梅田センタービル、北里大学病院、大丸札幌店、ヒルトン福岡シーホーク	1969年
鹿島建物総合管理㈱	鹿島建設㈱	2457名	虎ノ門タワーズオフィス、国立新美術館、東京都江戸東京博物館、深川ギャザリア、フジテレビ本社ビル	1985年
大成有楽不動産㈱	大成建設㈱	3065名	デビアス銀座ビル、国際ファッションセンター、名古屋ルーセントタワー、ホテルオークラ神戸、札幌ドーム	1953年
大林ファシリティーズ㈱	㈱大林組	1041名	品川インターシティ、パレスホテル東京、サントリービル、シティプラザ大阪、関西国際空港旅客ターミナル	1963年

どんな施設《しせつ》がどこにあるのか、それを知ってから選ぶということも大切です。公的機関なのか、商業施設《しせつ》か、病院、ホテル、タワー、大学、劇場、競技場、オフィスビル、雑居ビルまでをも含《ふく》め、一社独占《どくせん》もあれば、多数のメンテナンス会社による混合管理もあり、またその企業《きぎょう》の教育機関や研修制度もホームページなどを見れば載《の》っています。

どの会社も人材を求めてはいますが、まずは4つの大きな系列会社を紹介《しょうかい》します。

1、ゼネコン系列

親会社であるゼネコン（ゼネ

ラルコンストラクター＝総合建設会社）が施工《せこう》した建築物を主にメンテナンスします。たいていは、所長や所長補佐《ほさ》となって、その現場のトップを任されます。親会社と連携して改修・改造工事も行います。どの会社も、子会社としてビルメンテナンス会社をもっていて、これらに入社するのが、ビルメンテナンスと建設畑との密接な関係から考えるならば王道とも言えます。

２、電機メーカー及《およ》び計装《けいそう》メーカー系列

これも、親会社の製品（エレベーター・エスカレーターやボイラー、電力機器・空調機器等）から整備・修理などができる強みで、多数が子会社をもっています。

日本の三大エレベーターメーカーのうち、東芝《とうしば》エレベータは、ＮＲＥＧ東芝不動産《とうしばふどうさん》ファシリティーズ、三菱《みつびし》は三菱電機《みつびしでんき》ビルテクノサービス、日立《ひたち》は日立《ひたち》ビルシステムを持ち、ほかに、ジョンソンコントロールズ、高砂丸誠《たかさごまるせい》エンジニアリングサービス、日本空調《くうちょう》サービス、ＩＨＩビジネスサポートなどがさまざまに電機系の親会社の特色を活かして存在しています。自分の好きなジャンル、得意分野を見つけたならば、そこに見合った会社を選ぶことが肝要《かんよう》です。ボイラーなのか、電気なのか、給排水《きゅうはいすい》なのか、消防なのか、記録や周期、設備の耐用《たいよう》年数を読み、データ処理などをする事務なのか、多方面に広く知識技術を問われる一方で、専門的な得意分野も求められています。

図表11 不動産会社系列の主な会社

ビルメンテナンス会社	親会社	従業員数	主な管理物件	設立年
三菱地所プロパティマネジメント㈱	三菱地所㈱	1224名	丸の内ビルディング、三菱UFJ信託銀行本店ビル、新宿フロントタワー、汐留メディアタワー、横浜ランドマークタワー	1991年
三井不動産ビルマネジメント㈱	三井不動産㈱	1806名	霞が関ビルディング、中之島三井ビルディング、東京ミッドタウン	1982年
住友不動産建物サービス㈱	住友不動産㈱	3552名	ワールドシティータワーズ、シティータワー麻布十番、東京メガシティ	1973年
イオンディライト㈱	イオンモール㈱	4074名	イオン越谷レイクタウン、イオンモール大阪ドームシティ、mozo ワンダーシティ	1972年
㈱東急コミュニティー	東急不動産ホールディングス㈱	1万5053名	東急プラザ銀座、JR タワー名古屋、二子玉川ライズ・ショッピングセンター、ザ・パーク・フロント・ホテル・アット・ユニバーサル・スタジオ・ジャパン	1970年

3、不動産会社系列

これらは自社物件が多いためビルマネジメント事業を中心として展開しています。

4、鉄道会社系列

鉄道会社系列は、駅ビルの巨大化《きょだいか》とも相まって、ビルメンテナンスとの相性がいいようです。

5、独立系

銀行や生保、損保などの金《きん》融《ゆう》系、百貨店、スーパーなどの商業系とさまざまな大手系列のビルメンテナンス会社がありますが、さらに「系列」とは別の大きな存在が、「独

図表12 鉄道系列の主な会社

ビルメンテナンス会社	親会社	従業員数	主な管理物件	設立年
メトロプロパティーズ	東京地下鉄㈱	102名	地下鉄博物館、エソラ池袋、エチカ表参道、メトロ・エム後楽園、エチカ・フィット永田町	1963年
東急ファシリティサービス㈱	東京急行電鉄㈱	1399名	ザ・キャピトルホテル東急、渋谷ヒカリエ、新横浜SRビル、グランベリーモール内駐車場、たまプラーザテラス	1961年
近鉄ビルサービス㈱	近鉄グループホールディングス㈱	2448名	あべのハルカス、京セラドーム、シェラトン都ホテル東京、志摩スペイン村、国立国会図書館関西館	1972年
東武ビルマネジメント㈱	東武鉄道㈱	1390名	東京芸術劇場、霞ヶ関駅ビル、富国生命ビル、メトロポリタンホテル、東武動物公園	1969年
阪急阪神ビルマネジメント㈱	阪急阪神ホールディングス㈱	約1300名	阪神甲子園球場、梅田阪急ビルオフィスタワー、新大阪阪急ビル、阪急西宮ガーデンズ、ハービスOSAKA	2007年
㈱小田急ビルサービス	小田急電鉄㈱	1340名	汐留アネックスビル、FMセンタービル、晴海トリトンスクエア、ハイアット・リージェンシー東京、新宿サザンテラス	1966年
JR東日本ビルテック㈱	東日本旅客鉄道㈱	1580名	JR東日本ビルディング・サピアタワー、JR品川イーストビル、エキナカショッピングセンター、ルミネ、アトレ	1990年

立系」です。

主な独立系の会社としては、スーパーセンタートライアル厚別《あつべつ》店（北海道《ほっかいどう》・札幌《さっぽろ》市）などを管理している東京美装興業《とうきょうびそうこうぎょう》、講道館《こうどうかん》の管理をしている興和《こうわ》ビルメンテナンス、国際《こくさい》文化会館《ぶんかかいかん》をはじめボッシュビル渋谷《しぶや》などを元請《もとう》けとして請《う》け負っているジャレックなどがあり、いずれの社の社長もビルメンテナンス協会の全国の会長や都の会長を務めています。他の都道府県の会長も独立系の会社の社長が多く務めています。

独立系のなかには、太平《たいへい》ビルサービスのように、従業員２万３７００名をかかえる巨大会社や、日本管財《にほんかんざい》のように資本金が30億円で、東証一部上場している会社、東京国際《とうきょうこくさい》フォーラムを管理している太平《たいへい》エンジニアリングなどもあります。１９５２年創業で２０１５年に新会社として設立されたグローブシップは、東京電力《とうきょうでんりょく》本店、明治生命《めいじせいめい》館・明治安《めいじやす》田生命《だせいめい》ビル、紀伊國屋《きのくにや》ビル、ホテル・ニューオータニ、駒澤《こまざわ》大学、理化学《りかがく》研究所などを管理し、グループ全体で従業員１万９０００名、管理棟《とう》数５２００棟《とう》以上の会社です。グローブシップは、全国《ぜんこく》ビルメンテナンス協会《きょうかい》の初代会長会社でもあります。

6、地域冷暖房《れいだんぼう》供給会社

そして近年の就職先としておおいに注目されているのが、地域冷暖房《れいだんぼう》供給会社です。

現在、地域冷暖房《れいだんぼう》地域に入っているビル群では、従来のビルにあったボイラーも、冷温水発生機も、ターボ冷凍機《れいとうき》も、ヒートポンプチラーも、ほとんどありません。全部、地域熱供給事業者によって供給され制御《せいぎょ》されています。アナログから、デジタル化、ブラックボックス化が進み、インテリジェントビルからマルチメディアビルへの移行は１９９０年代で終了《しゅうりょう》しており、エコロジーから、さらにネットワークの時代となって、地域冷暖房《れいだんぼう》はエネルギーにおいて、その中核《ちゅうかく》を担っています。

「札幌市都心」は北海道熱供給公社《ほっかいどうねつきょうきゅうこうしゃ》、「札幌駅北口」は北海道地域暖房《ほっかいどうちいきだんぼう》などと、地域冷《れい》暖房《だんぼう》は、２０２０年現在、全国で許可地点数１３３カ所、事業者数75社となっています。

２００４年の90社１５４カ所をピークに漸減傾向ではありますが、地域に、そしてビルに、根を張ってきたことだけは間違いありません。

「新宿副都心《しんじゅくふくとしん》」や「赤坂《あかさか》」「八重洲《やえす》・日本橋《にほんばし》」「東銀座《ひがしぎんざ》」など16地域を管理する東京《とうきょう》ガスエンジニアリングソリューションズをはじめ、「大手町《おおてまち》」「有楽町《ゆうらくちょう》」など6カ所を管理する丸《まる》の内《うち》熱供給など、全国地域冷暖房《れいだんぼう》会社の半分以上の72カ所、33社が東京に集中していますが、今後、地方都市も徐々《じょじょ》に取り入れる方向になることははっきりしています。

こういった施設《しせつ》は、理工系（特に電気系）の大学・学部を卒業し、ビルメンテナンス経験も3年以上という採用条件がほとんどですが、新しい分野だけに、めざすだけの価値はあります。

入り口は多様なので、どうしたら入れるかではなく、どこを選ぶかが勝負ともいえます。そして資格を取り、どう展開していくかが決め手となります。さらにどう経験を積んで行くか、そこに充実《じゅうじつ》度と未来の行く末があります。

以上から、就職の実際はつぎの5つを提案します。

・ビルの形態と企業《きぎょう》を検討し、自分とマッチすると思う会社や現場を選ぶ。

・未だスターの生まれていない業界で、自分が何をするか、未来を変えていくことのできる場所を選ぶ。

・いきなり現場で揉《も》まれるか、教育研修を積んでいくか、いずれかを見定めた上で、会社を選ぶ。

・ビルメンテナンススタッフになるというだけではなく、スタッフとして優秀《ゆうしゅう》になる。また、スタッフであり続ける。

・得意分野を見つけ、そこを活かし成長していく。

各種資格試験概要参照・問い合わせ先一覧

資格試験の概要については下記のホームページを参照してください。

●危険物取扱者（乙種第４類）試験
一般財団法人消防試験研究センター　http://www.shoubo-shiken.or.jp/
●ボイラー技士（二級）試験
公益財団法人安全衛生技術試験協会　http://www.exam.or.jp/
●高圧ガス製造保安責任者（第三種冷凍機械）試験
高圧ガス保安協会　http://www.khk.or.jp/
●電気工事士（第二種）試験
一般財団法人電気技術者試験センター　http://www.shiken.or.jp/
●自衛消防技術試験
東京消防庁　http://www.tfd.metro.tokyo.jp/
●消防設備士（乙種第１・第４・第６類）試験
一般財団法人消防試験研究センター　http://www.shoubo-shiken.or.jp/
●建築物環境衛生管理技術者（ビル管理技術者）試験
公益財団法人日本建築衛生管理教育センター　http://jahmec.or.jp/
●電気主任技術者（第三種）試験
一般財団法人電気技術者試験センター　http://www.shiken.or.jp/
●エネルギー管理士（熱分野・電気分野）試験
一般財団法人省エネルギーセンター　http://www.eccj.or.jp/
●技術士（電気電子部門）試験
公益社団法人日本技術士会　https://www.engineer.or.jp/

職業訓練校参照先一覧

職業訓練校については下記のホームページから検索・確認してください。

●独立行政法人高齢・障害・求職者雇用支援機構が行っているもの
独立行政法人高齢・障害・求職者雇用支援機構　http://course.jeed.or.jp/
●各都道府県が行っているもの
厚生労働省のホームページ内の「公共職業訓練コースの検索について」
http://www.mhlw.go.jp/bunya/nouryoku/jarnal/tokusyu/2009_04.html
から検索。

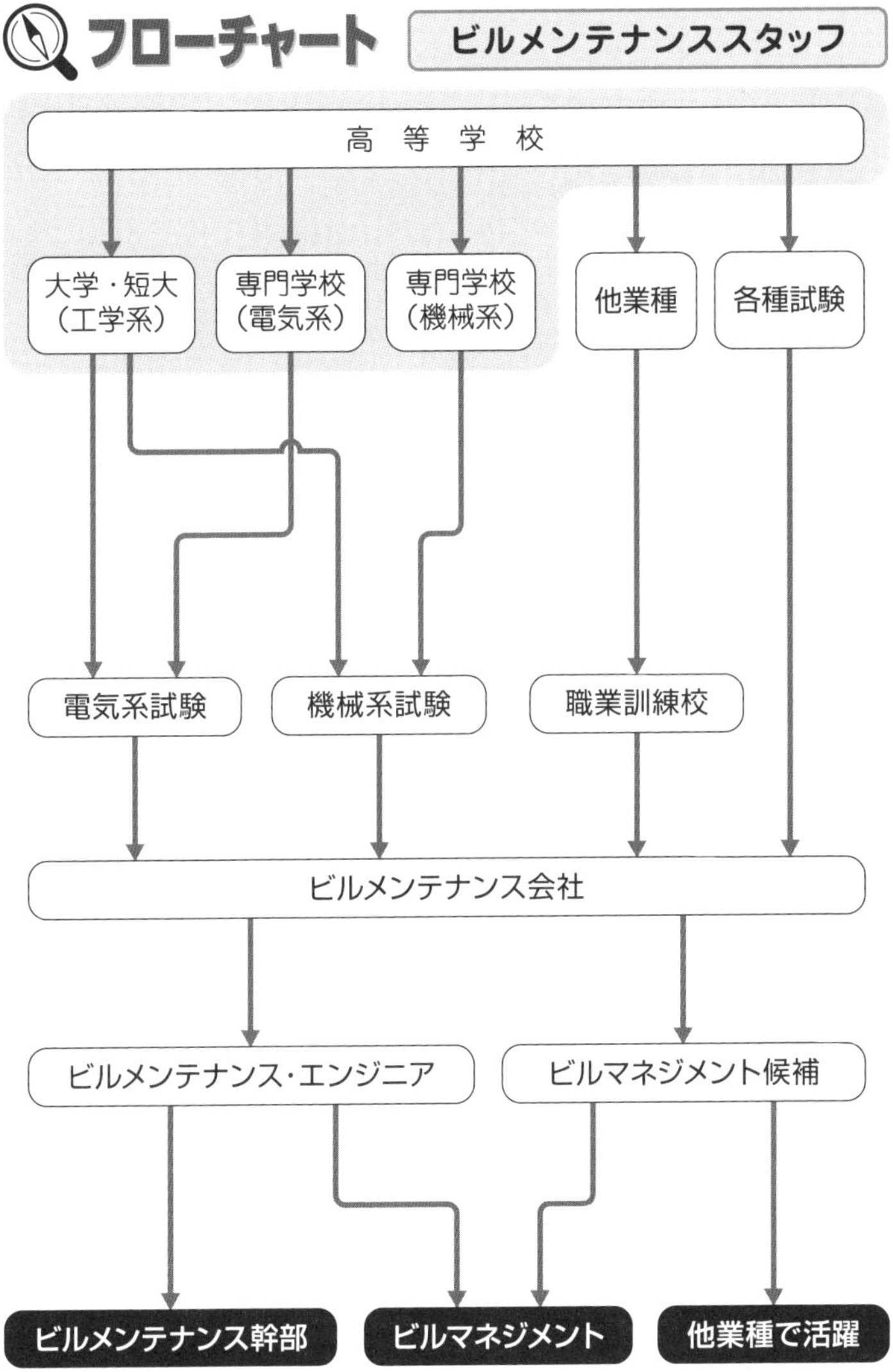
フローチャート
ビルメンテナンススタッフ
高 等 学 校
大学・短大（工学系）
専門学校（電気系）
専門学校（機械系）
他業種
各種試験
電気系試験
機械系試験
職業訓練校
ビルメンテナンス会社
ビルメンテナンス・エンジニア
ビルマネジメント候補
ビルメンテナンス幹部
ビルマネジメント
他業種で活躍

なるにはブックガイド

『トコトンやさしい発電・送電の本』
（今日からモノ知りシリーズ）
福田遵著
日刊工業新聞社

ビルメンテナンスの大前提として設備よりもまず、電気がビルにどのようにやって来るのかという点を知ることが重要であり、本書は初心者向けのわかりやすい基礎かつ土台のテキストとして最適です。

『建築設備が一番わかる』
（「しくみ図解」シリーズ）
菊地至著
技術評論社

このシリーズでは、『ビルメンテナンスが一番わかる』（田中毅弘監修）というビルメンテナンスに特化した本がありますが、その前段階として、むしろこちらをお勧めします。実践に役立ちます。

『テスターの使い方
完全マスター』
高崎和之監修
ナツメ社

従来ビルメンテナンスでもっとも頻度の多い作業は管球交換でしたが、新しくLED照明が増え、むしろ分電盤でのテスター使用が必須で、本書はオールカラーで、高度な段階にまで踏み込んだ、日常現場での支えの書です。

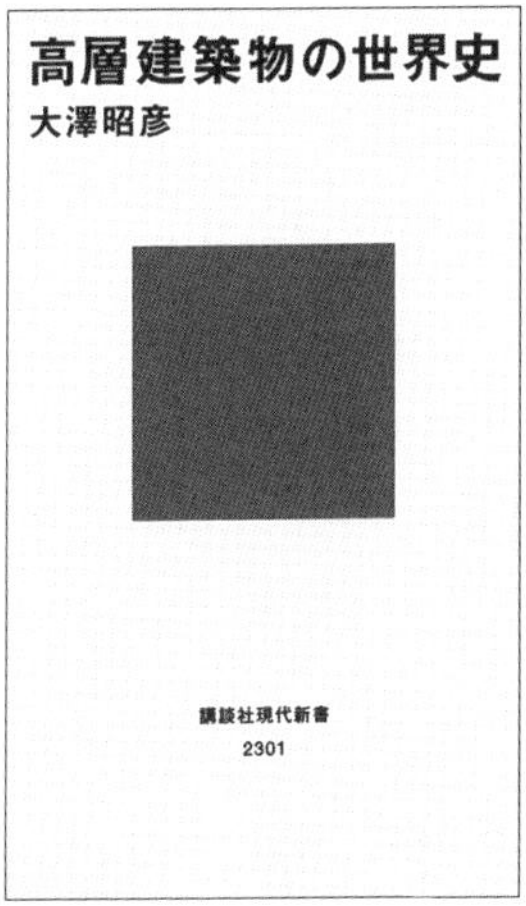

『高層建築物の世界史』
大澤昭彦著
講談社現代新書

ビルディング（高層建築物）に関する決定版といえる読み物です。人間の果てしのない願望と叡智が生み出した都市の快適空間を、その歴史と挫折、流行の変遷などを通し知の塊として身に沁みます。

職業MAP！ 興味があるのはどの仕事？

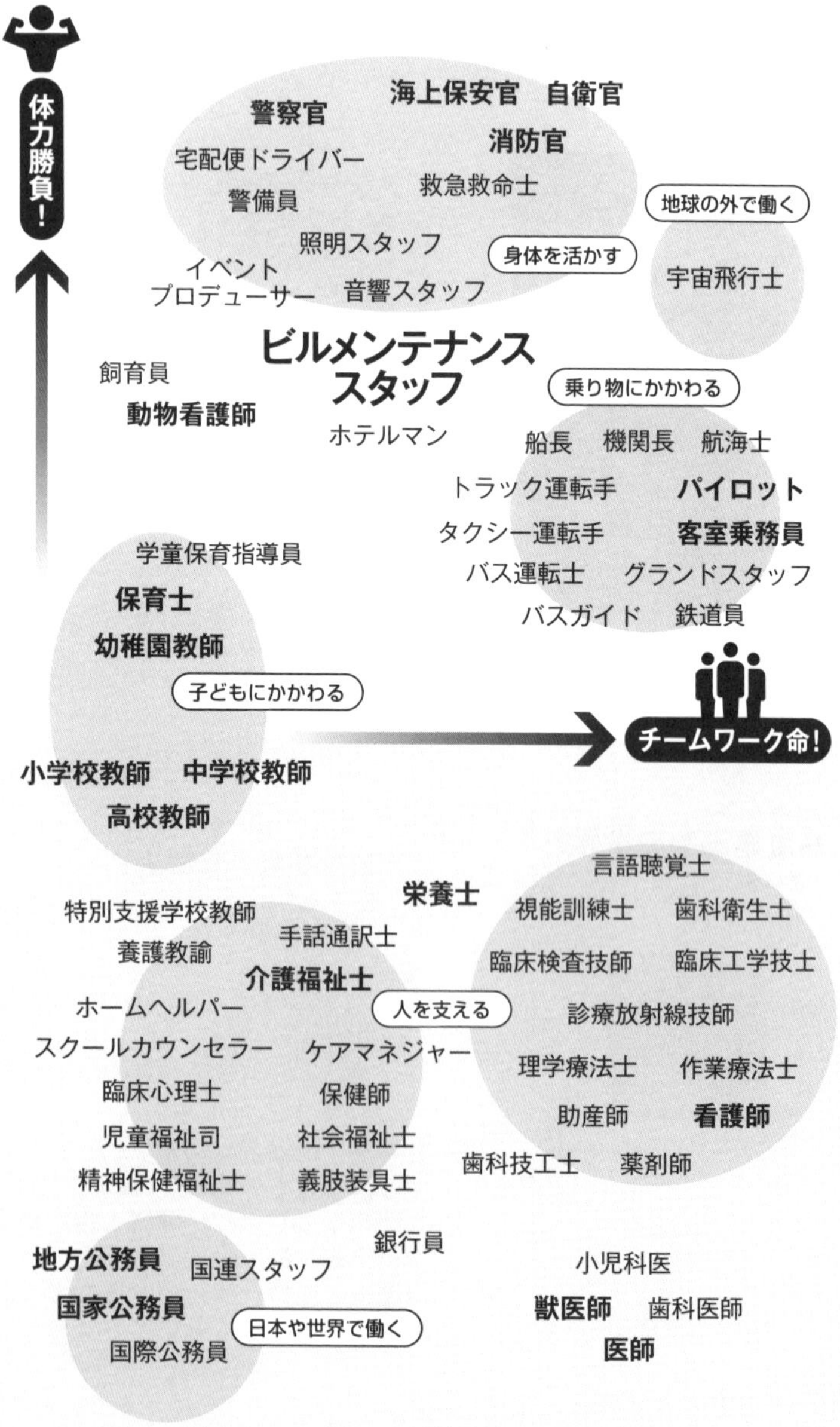
体力勝負！
チームワーク命！
身体を活かす
海上保安官
自衛官
警察官
消防官
宅配便ドライバー
救急救命士
警備員
照明スタッフ
イベントプロデューサー
音響スタッフ
地球の外で働く
宇宙飛行士
ビルメンテナンススタッフ
飼育員
動物看護師
ホテルマン
乗り物にかかわる
船長
機関長
航海士
トラック運転手
パイロット
タクシー運転手
客室乗務員
バス運転士
グランドスタッフ
バスガイド
鉄道員
学童保育指導員
保育士
幼稚園教師
子どもにかかわる
小学校教師
中学校教師
高校教師
言語聴覚士
栄養士
視能訓練士
歯科衛生士
特別支援学校教師
手話通訳士
養護教諭
臨床検査技師
臨床工学技士
介護福祉士
ホームヘルパー
人を支える
診療放射線技師
スクールカウンセラー
ケアマネジャー
理学療法士
作業療法士
臨床心理士
保健師
助産師
看護師
児童福祉司
社会福祉士
精神保健福祉士
義肢装具士
歯科技工士
薬剤師
銀行員
地方公務員
国連スタッフ
小児科医
国家公務員
獣医師
歯科医師
日本や世界で働く
国際公務員
医師

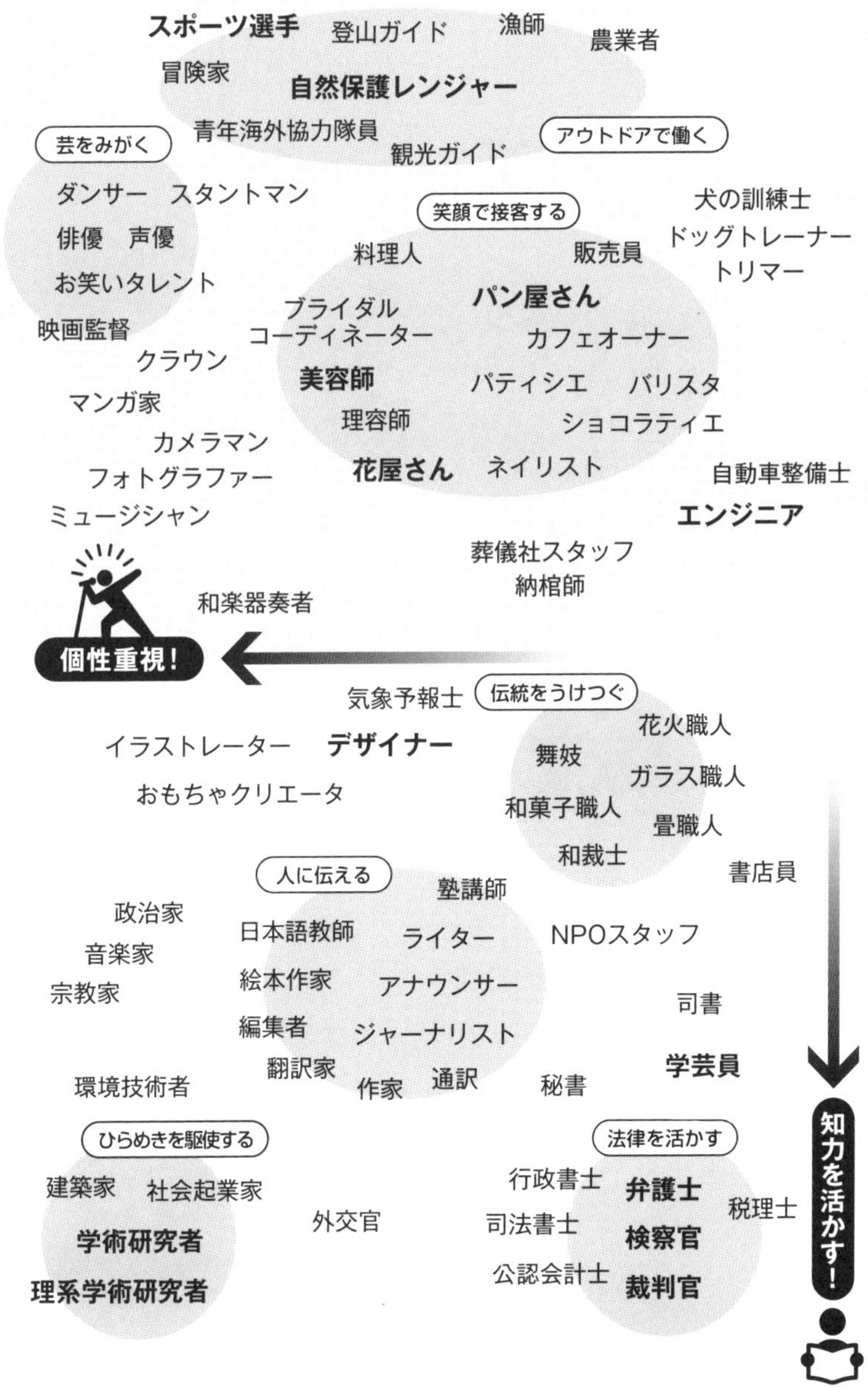

アウトドアで働く
スポーツ選手
登山ガイド
漁師
農業者
冒険家
自然保護レンジャー
青年海外協力隊員
観光ガイド
芸をみがく
ダンサー
スタントマン
俳優
声優
お笑いタレント
映画監督
クラウン
マンガ家
カメラマン
フォトグラファー
ミュージシャン
笑顔で接客する
料理人
販売員
パン屋さん
ブライダルコーディネーター
カフェオーナー
美容師
パティシエ
バリスタ
理容師
ショコラティエ
花屋さん
ネイリスト
犬の訓練士
ドッグトレーナー
トリマー
自動車整備士
エンジニア
葬儀社スタッフ
納棺師
和楽器奏者
個性重視！
気象予報士
伝統をうけつぐ
花火職人
舞妓
ガラス職人
和菓子職人
畳職人
和裁士
イラストレーター
デザイナー
おもちゃクリエータ
書店員
人に伝える
塾講師
日本語教師
ライター
絵本作家
アナウンサー
編集者
ジャーナリスト
翻訳家
作家
通訳
政治家
音楽家
宗教家
NPOスタッフ
司書
学芸員
環境技術者
秘書
ひらめきを駆使する
建築家
社会起業家
学術研究者
理系学術研究者
外交官
法律を活かす
行政書士
弁護士
司法書士
検察官
公認会計士
裁判官
税理士
知力を活かす！

［著者紹介］
谷岡雅樹（たにおか まさき）
1962年北海道生まれ。北海道立札幌南高等学校卒業。ノンフィクション作家。著書に『女子プロ野球青春譜 1950』（講談社）、『哀川翔鉄砲弾伝説』（俳優哀川翔との共著、廣済堂出版）、『三文ガン患者』（太田出版）、『Vシネ血風録』（河出書房新社）、『アニキの時代』（角川SSC新書）、『竜二漂泊1983』（三一書房）など。平成17〜19年度まで文化庁芸術選奨〔映画部門〕推薦委員。現在「キネマ旬報」年間ベスト・テン選考委員。日本映画プロフェッショナル大賞選考委員。2019年「建築物環境衛生管理技術者」合格。

［協力］
公益社団法人　全国ビルメンテナンス協会

ビルメンテナンススタッフになるには

2017年 3月10日　初版第1刷発行
2021年 2月25日　初版第2刷発行

著　者　谷岡雅樹
発行者　廣嶋武人
発行所　株式会社ぺりかん社
〒113-0033　東京都文京区本郷1-28-36
TEL 03-3814-8515（営業）
03-3814-8732（編集）
http://www.perikansha.co.jp/
印刷所　株式会社太平印刷社
製本所　鶴亀製本株式会社

©Tanioka Masaki 2017
ISBN978-4-8315-1459-2　Printed in Japan

「なるにはBOOKS」は株式会社ぺりかん社の登録商標です。
＊「なるにはBOOKS」シリーズは重版の際、最新の情報をもとに、データを更新しています。

【なるにはBOOKS】

税別価格 1170円〜1600円

1——パイロット
2——客室乗務員
3——ファッションデザイナー
4——冒険家
5——美容師・理容師
6——アナウンサー
7——マンガ家
8——船長・機関長
9——映画監督
10——通訳者・通訳ガイド
11——グラフィックデザイナー
12——医師
13——看護師
14——料理人
15——俳優
16——保育士
17——ジャーナリスト
18——エンジニア
19——司書
20——国家公務員
21——弁護士
22——工芸家
23——外交官
24——コンピュータ技術者
25——自動車整備士
26——鉄道員
27——学術研究者(人文・社会科学系)
28——公認会計士
29——小学校教師
30——音楽家
31——フォトグラファー
32——建築技術者
33——作家
34——管理栄養士・栄養士
35——販売員・ファッションアドバイザー
36——政治家
37——環境スペシャリスト
38——印刷技術者
39——美術家
40——弁理士
41——編集者
42——陶芸家
43——秘書
44——商社マン
45——漁師
46——農業者
47——歯科衛生士・歯科技工士
48——警察官
49——伝統芸能家
50——鍼灸師・マッサージ師
51——青年海外協力隊員
52——広告マン
53——声優
54——スタイリスト
55——不動産鑑定士・宅地建物取引主任者
56——幼稚園教諭
57——ツアーコンダクター
58——薬剤師
59——インテリアコーディネーター
60——スポーツインストラクター
61——社会福祉士・精神保健福祉士
62——中小企業診断士
63——社会保険労務士
64——旅行業務取扱管理者
65——地方公務員
66——特別支援学校教諭
67——理学療法士
68——獣医師
69——インダストリアルデザイナー
70——グリーンコーディネーター
71——映像技術者
72——棋士
73——自然保護レンジャー
74——力士
75——宗教家
76——CGクリエータ
77——サイエンティスト
78——イベントプロデューサー
79——パン屋さん
80——翻訳家
81——臨床心理士
82——モデル
83——国際公務員
84——日本語教師
85——落語家
86——歯科医師
87——ホテルマン
88——消防官
89——中学校・高校教師
90——動物看護師
91——ドッグトレーナー・犬の訓練士
92——動物園飼育員・水族館飼育員
93——フードコーディネーター
94——シナリオライター・放送作家
95——ソムリエ・バーテンダー
96——お笑いタレント
97——作業療法士
98——通関士
99——杜氏
100——介護福祉士
101——ゲームクリエータ
102——マルチメディアクリエータ
103——ウェブクリエータ
104——花屋さん
105——保健師・養護教諭
106——税理士
107——司法書士
108——行政書士
109——宇宙飛行士
110——学芸員
111——アニメクリエータ
112——臨床検査技師
113——言語聴覚士
114——自衛官
115——ダンサー
116——ジョッキー・調教師
117——プロゴルファー
118——カフェオーナー・カフェスタッフ・バリスタ
119——イラストレーター
120——プロサッカー選手
121——海上保安官
122——競輪選手
123——建築家
124——おもちゃクリエータ
125——音響技術者
126——ロボット技術者
127——ブライダルコーディネーター
128——ミュージシャン
129——ケアマネジャー
130——検察官
131——レーシングドライバー
132——裁判官
133——プロ野球選手
134——パティシエ
135——ライター
136——トリマー
137——ネイリスト
138——社会起業家
139——絵本作家
140——銀行員
141——警備員・セキュリティスタッフ
142——観光ガイド
143——理系学術研究者
144——気象予報士・予報官
145——ビルメンテナンススタッフ
146——義肢装具士
147——助産師
148——グランドスタッフ
149——診療放射線技師
150——視能訓練士
151——バイオ技術者・研究者
152——救急救命士
153——臨床工学技士
154——講談師・浪曲師
155——ＡＩエンジニア
補巻21 医薬品業界で働く
補巻22 スポーツで働く
補巻23 証券・保険業界で働く
補巻24 福祉業界で働く
補巻25 教育業界で働く
補巻26 ゲーム業界で働く
別巻 小中高生におすすめの本300
別巻 学校図書館はカラフルな学びの場
別巻 東京物語散歩100
別巻 学校司書と学ぶレポート・論文作成ガイド
別巻 ミュージアムを知ろう
別巻 もっとある！小中高生におすすめの本220
別巻 中高生からの防犯
学部調べ 看護学部・保健医療学部
学部調べ 理学部・理工学部
学部調べ 社会学部・観光学部
学部調べ 文学部
学部調べ 工学部
学部調べ 法学部
学部調べ 教育学部
学部調べ 医学部
学部調べ 経営学部・商学部
学部調べ 獣医学部
学部調べ 栄養学部
学部調べ 外国語学部
学部調べ 環境学部
学部調べ 教養学部
学部調べ 薬学部

※ 一部品切・改訂中です。 2020.11.